# 岡田准一×MIYAVI

撮影　HIRO KIMURA（W）　スタイリング（岡田）カワサキタカフミ（MIYAVI）櫻井賢之（casico）
ヘア&メイクアップ（岡田）惣門亜希子（MIYAVI）Takahiro Hashimoto（SHIMA）　文　堂前茜

元警察官にしてある事件の復讐のため狂犬化した主人公・兼高（岡田准一）は、警察に利用され関東最大のヤクザ組織「東鞘会」に潜入させられる。事前調査で相性98％のサイコパスな室岡（坂口健太郎）とコンビを組みのし上がっていくが、「東鞘会」トップ・十朱（MIYAVI）の壁は厚い。突破口となるのは、十朱からの信頼だった――映画『ヘルドッグス』で兼高をダークサイドにいる人間として容赦なく演じ切った岡田。兼高との出会いで本能が疼き出す十朱を、強くも儚い存在として映し出したMIYAVI。2人は闇×闇でコントラストなどないはずだが、こうも見事に明暗や色彩の違いが出たのは、紛れもなく演じた俳優の際立った個性によるものだ。

発光するタイプと、よく見たら綺麗だよねっていうタイプと、色々とあると思うんですよね、美しさって（岡田）

――演じられたキャラクターをどう捉えられていますか？

**岡田** 出ている人みんながぶっ飛んでいると思いますが、僕の役も、「ダークヒーロー」みたいに（資料に）書かれていますけど（笑）、結構ぶっ飛んでいて。ピュア過ぎてひっくり返ったような人です。まだお付き合いもしていない女の子が殺されて、その復讐のために関係者全員殺しにいくみたいな人だから。

**MIYAVI** そうだよね、おかしいよね。

**岡田**（笑）そう、なんで彼の妻や子どもにしなかったんだ？という疑問は最初ありましたね。しかも相手の女の子は女子高生だから、年齢差的にピュアでいいのか？というのも分からなくて（笑）。あと、潜入捜査をやっているという設定上、感情や表情をあまり出せないのも難しかったです。

**MIYAVI** 十朱としては、彼の理想とする社会、美しい世界の実現のために着々と動いていく中で、兼高という、十朱が描く美しい世界の中に必要不可欠な人間との出会いがあって。彼（兼高）が「あ、こっち側の人間なんだ」って、多分早い段階で気付いていたと思うんです。兼高に対するある種の共鳴と、芽生えてきた愛みたいなものをどう表現するか？というのが大事だなと思いながらやっていました。

――岡田さんは技闘デザインを担当されてもいました。監督からアクションへはどんな要望が？

**岡田** 監督からの様々なリクエストがあり、断片的なものを拾っていく作業でしたが、兼高と十朱が愛し合っているように殺陣を作らなければいけないというのはありました。ラストのシーンも、監督が描きたかった男と男の愛というか、内臓に手を突っ込みあった2人みたいな、性を超えた男同士の共鳴、愛なのか敵なのか?紙一重の部分に、監督が今回描きたいものが絶対にあったはずなので、そこは苦心しました。表裏一体……監督はいつもおっしゃるんです、ベッド・シーンがあるんだったら暴力シーンがなきゃいけないって。2人が近くで撃ち合っているんだけど当たらない場面があるんですが、監督は「当たらないでいいんだ」と。美意識ですよね。その後2人が倒れ込んで顔を触り合う、ベッド・シーンみたいなのを作って。愛のコミュニケーションをアクションで作りたい、という要望があったように思います。

**MIYAVI** 改めて岡田くんの役者魂というか、俳優としての職人ぶり、武術家レヴェルのこだわりを目の前で見せられて、本当にびっくりして……。以前音楽番組で共演させてもらったことはありましたけど、ここまでとは知らなかったですから。自分も普段はギターや演技も含めて、何かを突き詰める時の熱量や、その姿勢の美しさを追求しているので、余計に岡田くんや監督の追求のすごさが分かりました。美しさの認め合い、美しさの融合が、最後のアクション・シーン、僕たちのクライマックスのシーンには凝縮されているのかなと思います。

——十朱はポーカーフェイスに見えますが、兼高が絡んでくると、感情の揺らぎが見てとれた気がしました。

**MIYAVI** はい、やっぱり正直だから。十朱の思い描く世界に対してのブレはないんだけど、そこに兼高が共鳴してくれるのか?どうなのか?と確かめたい気持ちは、常に意識しながら現場にいたと思います。

——十朱という人間の精神を昂らせる何かが兼高にはあるんですよね。彼に刺激されてしまう。

**岡田** 十朱はやっていることは酷いですけど、兼高に比べるとまともなんじゃないかなと思うんですよね。主人公なのでまともな風にしていますけど、映画の中でも彼は違和感がある。「そんなに殺す?」みたいな。どこかが狂って、壊れている。で、意外と人間のまま、壊れないようにしているのが、十朱の方だとは思うんですね。そういう魅力を十朱は兼高に感じていたのかもしれない。同じ状況なのになんでそんなに頑張れるの?と、眩しく見えたのかもしれない。

**MIYAVI** 眩しさは感じていたでしょうね。脅威も感じたろうし。自分と似た部分もあるんだけど、上を向いているところとか、自分にないものも持っている。だから同化したいと思っていた。そういう意味でも分かりやすいですよね、凛としているんだけど、兼高が現れてからボロボロになっていきますから。それまで結構、順風満帆にやっていたんです（笑）。なので、おっしゃる揺らぎというのはずっとありましたね。

――一方で、兼高の揺らがなさ（笑）。十朱に対してどんな気持ちがあったんでしょうか？

**岡田** 十朱を愛していたんだと思ってやっていましたけどね。ただ潜入捜査官なので、あまり感情が表には出せなくて。バレないようにボソッと喋るのが果たして正解なのか？と思いながらやっていました。感情を表情で、揺らぎを外には見せないっていうのがテーマにあったから。だけど途中から、十朱が警護対象者になったことで、彼を見つめる目線が生まれてくる。急に「大事にされている」と気付いていくし。異例の出世を、兼高は受けるから。殺しまくっているだけで（笑）、大事にされ始めて。十朱を殺したくないなとどこかでは思っているのが、最後のアクションの連続で表に出るんだと思います。殺したくないけど殺す判断を取るしかない悲しい男の話、だからもう矛盾だらけの映画っていうか（笑）。でも、人間は矛盾をはらんで生きていきますから……そういった心の哲学的なことも監督は打ち合わせで折り込まれていたと思います。

**MIYAVI** 兼高はブラック・ヒーローです、『ヴェノム』みたいな。色々と話を聞いていて思ったのは、十朱、やっぱり寂しかったんだなって。人に囲まれているけど、同じ世界を見る人がゼロだったわけで。ずっと1人だった。

――十朱の孤高さも、彼をより美しく見せていました。強く美しく生きるために何が大事でしょうか？

**MIYAVI** すごい質問ですね……やっぱり、信じるものがあるかどうかじゃないですか。僕もそうだし、十朱もそうだし。実際、自分がこの映画に持って来られる部分というのは、ヤクザの親分のような貫禄も風格もないので――監督は俗にいうヤクザ映画にしようとしていなかったですけど――エンターテインメント性も含めて、自分のやるべき役目は象徴としていることなのかな?と思って。実力がどうこうじゃなくて、組織の中で、象徴としてそこに強く存在しているということが、多分僕に求められていたことで。そうなった時、自分が何を信じるのか？　信念を真っ直ぐに持っていることが大事なのかなと。兼高が現れたことでそれが崩れ始めますが。で、そういう美しさを、僕は兼高、岡田くんにも感じましたし。突き詰める時に出る希有な美しさ、輝きみたいなものは、職人のように突き詰める者同士にしか分からない美しさなのかもしれないですね。また、その裏にある大変な努力、暗い部分もあるからこそ、余計に美しさや輝きを放てるような気もします。

――大竹しのぶさん演じる衣笠が兼高を、「中世に生きている」、「何か美学がある」と評していました。

**岡田**　そうですね、とても難しいところなんですけど、今の時代に合わせようとは生きていないんですよね。彼の生き方に僕は賛辞を送れないです。ただ、悩みながらも進んでいく強さがある男だし、時代に合わせて都合良く選択をする男でもない、騎士道に近い美学を崩さないのはすごいと思います。

――十朱もピュアさがあったが故にダークサイドに落ちざるを得なかったところもあったと思います。だから現実世界において人は、ある程度はピュアさを削りながら、バランスを取りながら大人になっていくところがあるのかなと。

**岡田**　ピュアさを持ち続けることは難しいですよね。だけど、ピュアだからこそ、多分ＭＩＹＡＶＩさんも世界に自分の音楽を届かせることができるし、もっと先へ到達されたいだろうし。ピュアさをどこかに持っていなければ進めない部分もあると思います。でも持ち続けられるものでもなくて。持つためには相当な何かが必要なんですよね。

――岡田さんは昔よく「カッコ良い男になりたい」とおっしゃっていました。近付いていますか?

**岡田**　追い求めてはいますかね。まだなれていないですけど。でも、カッコ良さって何だったっけな?とは最近思うところで。若い時のカッコ良さと年を取ってからのカッコ良さ……実際に共演して、一緒に仕事をして、「あ、この人はカッコ良いな」と思ってもらえるカッコ良さと、距離が離れた時にカッコ良いと思われるタイプと、色々あると思うんですが、僕は「一緒に仕事しないと分かり辛いタイプのカッコ良さ」を求めているから、近頃は、もうちょっと分かりやすいカッコ良さも必要なんだろうなとも思っています。こういう流れで言うとアレですけど、MIYAVIさんなんて輝く光が違うじゃないですか。

――岡田さんも輝いていらっしゃいますよ、光の感じが違うだけで。

**岡田** いや、輝くタイプではない。と、自分では思っているんだけど……何だろう、発光するタイプと、よく見たら綺麗だよねっていうタイプと、色々とあると思うんですよね、美しさって。

――それで言うと、岡田さんはグループとしてデビューした時、鮮烈な光を放たれていましたよね。

**岡田** そう、発光するタイプのカッコ良さを仕事としていたけど、30代になってからは、そこまで求めなくなりました。でも本当は、発光するカッコ良さも素敵だと思っていて。それを自分で手放したいと思っていたけど、手放したで、「それでいいのかな」って悩みも出てくる（笑）。カッコ良さって複合的なものでもあるんだけど、例えばMIYAVIさんは、ヴィジュアルの世界から始まって、自分の腕と音楽で世界に届いている。それってもっと評価されるべきだし、すごいことだと思うんですよね。自分も、世界に届く日本のものを作りたいと思ってやっているけど、叶えられていないので。そういう意味では、自分が描くクオリティの作品を世界に届けて、世界がリスペクトを持って接しているMIYAVIさんは、僕のやりたい理想を叶えている同世代であって、頼もしさもすごく感じていますね。

©2022「ヘルドッグス」製作委員会

『ヘルドッグス』
監督・脚本／原田眞人　原作／『ヘルドッグス　地獄の犬たち』深町秋生〈角川文庫／KADOKAWA〉　出演／岡田准一、坂口健太郎、松岡茉優／MIYAVI／北村一輝、大竹しのぶ、金田 哲、木竜麻生、他
9月16日より全国公開

# 板谷由夏

撮影　ティムギャロ　スタイリング　古田ひろひこ　ヘア&メイクアップ　結城春香
文　堂前茜
衣装協力〈SINME〉

「快活で頼もしい」、そんなイメージを板谷由夏に抱く人は多いのではないだろうか。実際彼女は、溌溂とした声と、ドラマやCM、SNSなどで見るとびきりの笑顔で現場の空気を明るくしてくれる、とても素敵な人だった。けれど芝居を見れば、板谷がいかに繊細な心の機微を持ち合わせている人物かが推し量れるだろう。目を凝らさなければ見えないような、本当にささやかな感情の揺らぎ――悲しみ、寂しさ、慈しみ――を、ちょっとした表情や所作で表現している。一生懸命生きてきた人間が携える朗らかな強さだけでない、酸いも甘いも噛み分けた人が持つ、優しい眼差しを彼女からは感じる。だから、一昨年の冬に幡ヶ谷のバス停で起こった女性ホームレス殺害事件をモチーフとした

**映画『夜明けまでバス停で』の主演が板谷と聞いた時、「もう映画化されるのか」という驚きと同時に、僭越ながら「彼女なら」という想いが湧いた。板谷なら、自らを弱者だと卑下するでもない、最後まで凛と生きたその女性に——ひいては、今この日本で苦しみを感じながら生きる多くの人に——最後まで寄り添ってくれるに違いないと思った。果たして映画はどうだったか？　高橋伴明監督が発する強烈なメッセージと共に確かめてほしい。**

**いろんなことに疑問点を持つかどうかですよね。「あれ？」と思ったことに、ちゃんとクエスチョンを持たないと、もっと激しく強くやっていかないと、これから大変だと思う。生きていくの**

——板谷さんは当時、事件のことをどのように捉えていらしたんですか？

**板谷**　すごく驚いた、というのがまず正直な気持ちですかね。あのエリアは私も行くことがあったので、事件としても身近に感じました。それをモチーフに伴明さんが映画を作られる、と。私は伴明さんと一緒にやりたい気持ちが強かったんですが、どうやって映画化されるのかな？とは思いました。

――監督は「監督デビューから50年、何のヒネリもなく、そのままに『怒り』を吐露しても、もういいのではないだろうか」というコメントを寄せられていますが、本当にストレートに描かれていますね。

**板谷** そうなんです。実際完成した映画を観て、伴明さんが言いたいことが溢れ出ているなと感じました。台本よりも現場よりも何よりも、1本の映画を観た時に、「伴明さんが言いたかったことって、こういうことだったんだ」と分かったんです。私が演じた女性がどうこうという話ではなくて、伴明さんからの伝言というか。

――監督とはインする前にどんなことを話されたんですか？

**板谷**「俺はもうこの歳だし、やりたいことをやろうと思っている」とは最初から言われていましたね。撮りたい映画しか撮りたくないっておっしゃっていたんです。そう言われましたら役者は付いていくしかない（笑）。特に伴明さんには私、20代の頃からお世話になっているので、もう一度伴明さんとやれるんだったらっていう。

――また、片岡礼子さん、根岸季衣さん、柄本 明さんにルビーモレノさんまでと、濃い役者が揃っています。

**板谷** 濃いよね（笑）、伴明組って感じですよね。

――観始める前から、どうか映画の中だけでも違う結末にならないかな、と思っていたんですが、柄本 明さん演じるホームレスが出てきた辺り、「爆弾」の話くらいから映画の様相が変わってきたぞ、と。

**板谷** そうなんですよね（笑）。私も、あれはびっくりしました。台本を読んでいる段階では、ちょっとあそこまで想像できていなかったですね。

――実際の事件自体は重いんだけど、映画ではユーモアだけでなく闘争心のようなものまで出てきて。

**板谷** そう、良い意味であまり重く捉えてはないんですよね。

――板谷さんは三知子を、路上生活に入ってからも悲惨さとか悲壮感みたいのを、あえてなのか、表現されてはいなくて、少なくとも表向きはカラッと演じられていたのが良くて、救われたというか。

**板谷** あぁ、良かった。でも三知子はきっと、自分がああなるとは思っていなかったと思うんですよ。流されてしまったというか。「自分の責任」と彼女は言うけど、流れに抗わなかった、抗えない女性だった。そういう意味では、私も分かるところがあって。「流れに任せてみよう」という気持ちがどちらかというと私の人生にはあるから。ああいうネガティヴな、どうしようもない状況になってしまう前に流れを止める自信はありますけど。で、台本自体に、そういった飄々としたものはありました。だから自分としては、三知子に起きる物事を、ただ受け止めるということを意識したかな。受け入れるというか、受け入れざるを得ないというか。

――悲壮感があるかないかで、映画の装いは随分変わってきますよね。

**板谷** 多分ね、悲壮感をもっと出したいのなら、監督は違う本を選んでいたと思いますね。この人の苦しさを表現したかったのなら、この女性に焦点を当てた本を作ったと思うんだけど、そうじゃなかったから。やっぱり流れの中で、何か監督が言いたいことが、きっとあったんだと思う。女の人生を描きたかったわけじゃない、と思うんです。そういう意味でも重さがないんだと思う。この映画の女性を見て、お客さんが背負わなくていいから。

――流れに身を任せる、抗わない、とありましたが、三知子は正義感の強い女性だから、自分のためではなく、人のためだったら動けるんですよね。居酒屋で皿洗いをする、ルビーモレノさん演じるマリアさんに食べ物を裏に持っていってあげたり、彼女のためにマネージャーに抵抗したり。

**板谷** そうですね、だけど自分のことはできないんだよね。

――別れた旦那の借金に関しても、「他人に恥をさらすようだから弁護士に頼めない」とか、実兄に金銭の相談をされても、断らず無理してでもお金を送ってあげたりだとか。

**板谷** あれはでも、現代の女性っぽいなと思って。意地というか、やっぱり世の中で一生懸命、女性が生きていかなきゃいけないって時、「負けてたまるか」と強がったり、負けず嫌いな気持ちになる人って、多いと思うんですよね。素直に弱い自分を出せない。私もそうですけど、若い時の「負けたくない」とは、また別なんです。「私は私で生きていけるようにしとかなきゃ」という女の人の意地みたいなものが、強さなのか、弱さなのか、分かりませんが、現代女性はみんな持っている気がするんですけどね。

——新宿の街を三知子が歩いている時、〈新宿アルタ〉ヴィジョンに政治家が出てきて、コロナ禍だからこそ自助公助で云々、というメッセージを発信している場面がありました。三知子は自分がこうなったのは私のせいだという認識ですが、伴明監督のメッセージとしてみると、違うものもあるのかなと読み取れました。

**板谷** 伴明さんはどちらかと言うと、自分のせいなのは当たり前。だけど、世の中のせいにしても良いことだってあるよ？ということが言いたい気がしていて。世の中に対して「こういうことがあるよ！」と声を大にして言っちゃいけないことが日本は多過ぎる、色々と言いにくい社会ですよね。言おうとしたら、蓋を閉められる。だけど、「私、今めっちゃ辛いんだ、助けてよ」と言っていいじゃん、と。みんな思っていることを胸に押し込み過ぎているんじゃない？って。「俺はやりたい映画を撮りたい、やりたくない映画は撮りたくない」と宣言されたこともそうだし、お年も召されたことで今の風潮に対して何か伝えたいことがあったんじゃないかなと思います。

——板谷さんも年齢を重ねられたことで、「先々はもっとこう生きたい」など、思うことはありますか？

**板谷** 私、いつも自分の好きなように生きてます（笑）。

——昔からですか？

**板谷** 生きてると思います、ちゃんとチョイスしているとも思います。まぁでも、年の功もあって、今それが言えるのかもね。この年齢じゃなかったらそう言えなかったかもしれない。だけど私も、「やりたいことしかやっていません」みたいに言いましたけど、何でも好きなことをやるという意味ではなく、ちゃんとチョイスはしているし、子どもがいるので、おかしいと思うこととか、「みんなが右と言ったからって右じゃなくていいよ」って気持ちはちゃんと伝えるようにしていますね。「人と違っていいんだよ」という教育を私たちの時代はあまり受けていないんだけど、伴明さんたちの時代は、そこから湧き出て運動を起こした人たちがいて。でも私たち、世代的にも一番平和な時代に生まれ育って、やっぱり集団行動で、みんながやることが良いと言われ、みんなと同じが良いと言われ、という時代に育ってきているから。そんな中でこの仕事をしているのは少し特殊だとは思うんですけどね、自分がやりたいと思ったことを選んだという意味合いでは。でも今は女性にとっても子どもたちにとっても、もっと自由になってきている、選ぶ自由の幅が出てきていますよね。みんながあっちを向いていても僕はこっちを向いたままでいいんだ、と多様性として認められてきているでしょう?

――それがもっと浸透すればいいなと思います。

**板谷** 本当そうですよね。

――ただ、この映画で描かれた三知子も、やりたいことはありました。だけどまずは生きなければいけない。生活のために働いているうちに、やりたいこともやれない暮らしになってしまいました。しかも非正規雇用の場合は、いつ首を切られるか分からない恐怖と隣り合わせです。今の時代も、例えば結婚をしたい、子供が欲しいと思っていても、先立つものがなくて踏み切れない人も多いと思うんです。この映画ではコロナやオリンピックのこともしっかり描きつつ、そういった実情を、具体性を持って描いていた気がします。

**板谷** そういう人たちを放っておいてしまった日本の無責任さだよね。随分前から問題になっていたことで。

――映画の中盤から爆弾のくだりが出てきます。爆弾というのは怒りの象徴でもあると思いますが、伴明監督は最後にある場所にボムしたわけで（笑）。板谷さんは怒りが出てきた時には何をしますか。

**板谷** えー、私あまり怒らないんですよね。対人には特に怒らないです。ただ、不条理なことは嫌ですね……私は昔、ニュース番組に携わっていましたから、要は発信する側でもあると思うので、責任を感じることもあります。だからこそ、教育として自分が信じられる人の発言をちゃんと選ぶというのを教えないとですよね。

――話は戻るんですが、劇中で三知子が、寝る前にお祈りをしていたホームレスの男性に、「何を願っていたんですか？」と訊ねるシーンがあります。その答えを聞いた時の三知子の表情がすごく印象に残っていて。

**板谷** 有り難うございます。きっと三知子は、そんな風に思う人が今も生きることを選んでいる、そのことに少し驚いたんじゃないかな。生きているけど、死を選びたいけど、でも生きなきゃいけない。彼女も同じように思ったんじゃなくて、自分はまだ生きていたいと思っている、ということに気付いたのかな、どちらかと言うと。

――あと、最後に元店長と再会した時の三知子の反応。「あれ、大丈夫かな？」と一瞬思ってしまいました。

**板谷**（笑）不思議でしょう？　私も不思議でしょうがなかったんですよ。

――どういう言い方、表情が良いのか、難しかったのではと。

**板谷** すっごく難しかったんですけど、考えに考えに考えて、1回もう全てを取っ払って、何も考えずにやりました（笑）。観ている方は、「すでに時遅しだったのかな？」って思ってしまいますよね。

――しかし、ルビーモレノさんが出てきた時など、リアリティがあり過ぎて流石だなと思いましたが、その他のキャストも本当に濃い人たちばかりで。現場はいかがでしたか？

**板谷** 確かに濃いよね。でも役者陣は、やっぱり伴明さんのことがあって、みんな集まっていらっしゃったから、すごく心強かったですよ。やっぱり柄本（明）さんがいてくれたことは有り難かったですし。

――根岸さんも最高でしたね。

**板谷**　すごく楽しんでいらしたもんね、根岸さん。おはぐろとか、めっちゃ張り切っていらして（笑）。

――そういったクスッと笑ってしまうようなところもありつつ、全編に渡って伴明監督の怒りがストレートに伝わってくるところもある、とても面白い映画でした。思っていることをストレートに出していいんだよと。

**板谷**　はい。あとは、いろんなことに疑問点を持つかどうかですよね。「あれ？」と思ったことに、ちゃんとクエスチョンを持たないと、もっと激しく強くやっていかないと、これから大変だと思う。生きていくの。

――板谷さんは不安に駆られた時、どんなことに活力をもらいますか？

**板谷**　何だろう、１つには限定できないですけど、やっぱり基本、人が好きなので。人に会うと、良いエネルギーをもらえる。美味しいご飯を食べることもそうだし。あと私、植物が好きなので、庭いじりするのもそうだし。そうやって何かしら放電しながら生きています（笑）。

――『Instagram』に投稿されていた、ジャガイモのお母さんの写真にグッときました。

**板谷**　本当に泣けちゃったの。シワシワだったでしょう？　何だか朝から泣けちゃってね。親ジャガはきっと、「自分を犠牲に」なんて思っていない、子孫を残すことしか考えていないじゃないですか。ただの養分だと思っている。まぁ考えても思ってもいないと思うけど（笑）、そういう自然の摂理や流れにハッとする。シンプルですよね。

――板谷さんもご家族はもちろん、いろんな人の養分になっているのではと。

**板谷**　そうなりたいです。でも、何を押し付けるでもない、ただの養分がいいな。

『夜明けまでバス停で』
監督／高橋伴明
出演／板谷由夏、大西礼芳、三浦貴大、松浦祐也、ルビーモレノ、片岡礼子、土居志央梨、柄本 佑、下元史朗、筒井真理子、根岸季衣、柄本 明、他
10月8日より〈K's cinema〉他、全国公開

# 田口トモロヲ

撮影　ロブ・ワルバース（UN +PLUS + UN inc.）スタイリング　宮本茉莉
ヘア&メイクアップ　安藤まり子　文　堂前茜

ドラマ『名建築で昼食を』の魅力は、映像を通して名建築をゆったり鑑賞できる点はもちろん、春野藤（池田エライザ）と植草千明（田口トモロヲ）による掛け合いと2人の人生ドラマ、千明から溢れ出る珠玉の言葉たちと言えよう。同じ尺のドラマはたくさんあるが、こんなにも静かで穏やかな時間の流れ方をする作品はなかなかにない。加えて、「乙女建築」巡りを生き甲斐の1つとする千明の気負わない佇まいが妙に心地良い。作品や建築の雰囲気を押し付けるでもなく、台詞の意味を分からせようとするのでもなく、田口トモロヲという役者は常にフラットな距離感で、作品と観る者の間に立つ。特別編だった『横浜編』の続きとな

**る『大阪編』の放送がスタートしたということで田口に話を訊いた、が――かつてはパンク・バンドのヴォーカルとしてアナーキーな表現をしていた彼が、今では〝癒し〟の存在としても、多くの作品で重要な役割を担っていることに改めて感慨深さを覚えた。人生とは面白い。**

生きるテーマの中に生き辛さというものが常にあるんですよね

――『大阪編』が始まる前に、少し『真夜中ドラマ編』を振り返られればと思うんですけど。

**田口**　『真夜中ドラマ編』は手探りの状態で作り始めたので、現場に入ってから「ここはどうなるの？」ということが多かったですね。最終的な形が見えないまま撮影が始まりました。その後に1本だけ『横浜編』を撮ったんですが、そこでようやく、いろんなものが整理整頓され方向性が固まってきた中で、『大阪編』に臨んだという感じです。

――では『大阪編』は割と万全に近い状態からスタートを切れたと？

**田口**　万全ということはこの世界にはないと思うんですが、比較的まとまってはいました。名建築がやっぱり主役である、という意識のもと、参加できたかなという風に思っています。

――千明はボソッとたまに、深い発言をします。春野を励ますでもなく、独り言のように言うでもなく、人生についての見識や自分の思ったことを。それが何だか哲学的で。幸せについての考察が多いですよね？　例えば、「みんな不幸にはアンテナを張るけど、幸せには鈍感になりがち」というフレーズなど、印象に残っています。そういう深いことを言ったり、西荻窪に20年住んでいるという設定があったり、彼を彩るものは色々とありますが、田口さんとしてはどの辺りを手がかりに役を演じられていったのでしょうか？

**田口** 最初はやはりテキストとしての台本ですよね。あとは現場に入って気付いたり失敗したり。

――千明をどういう人物だと田口さんは現時点で捉えていますか？

**田口** 不完全なおじさん。最初に春野さんと出会った時、「女性かと思った」と言われて。「男性にも乙女心はあるんだよ」と。「いつも1人で廻っているんですか？」、「うん、1人の方がいいんだよ」という台詞があって。そこが印象的ですが、つまり世の中に生き辛さを感じているんですよね。だからたった1人で名建築を見て癒やされたいんだっていう。その辺からキャラクターを作っていったところはあります。

――その塩梅が見事だなと思って。「1人好き」なおじさんって世の中にたくさんいるじゃないですか。不完全で生き辛さを抱えている人、趣味に生きる人も。そういう人の中には、自分の世界に閉じこもる人もいるでしょうし、人に対して頑なな人もいるでしょう。その逆でアッパーな人もいると思いますが、千明はどちらでもないんですよね。フラットで、どちらかと言うと、来る者は拒まない。1人は好きだけど人を受け入れてもくれる。単なる1人好きの趣味人とはまた違った味わい深さがあって、なんだか癒されました。

**田口** 嬉しいです。そこは、撮影現場での絶妙な人間設計だと思うんです。

――それは田口さんご自身から滲み出ているものなのではと。

**田口** どうですかね。でも確かに、バランス悪く、どちらかに偏ることはなく、グレーゾーンというか、バランスの良いところにいたような気はします。しかし実はお父さんと仲が悪かったりするところもあったりして。今回の『大阪編』でも出てきます、人間関係が上手くいっていないところを匂わすストーリーが。僕自身、そういう部分があります。だから、どこかで共感と愛おしさを感じて（千明に）入っていけるところがある気がします。

――田口さんって、偏った人間を演じられる機会もあると思うんですが、役といい感じの距離感があるというか、役にべったりしていないフラットなところも素敵だなと感じていて。

**田口** そうですか、有り難うございます。フラットさに関しては意識していた部分はあるかもしれないです。春野さんとどういう人間関係を築くのか？　なぜ1人でできる建築模型士という職業を選んだのか？　どうして西荻という街をチョイスしたのか？と、いろんなところから逆算して距離感は測ったかもしれません。

――浅草に20年、ではなく、西荻に20年、というのがまたいいですよね。

**田口**（笑）。

――決して江戸っ子ではない。ちょっとゆったりした、文化人的な雰囲気を千明は持っていますよね。

**田口** 街に選ばれますよね、人間も。逆もあるんだけど。街に選ばれた人って、いますよね。

――ちなみに田口さんが好きな街はどこですか？

**田口** 以前は下北沢が好きで住んでいたんですけど、年寄りにはキツい街になってしまったので。でも千明が住む西荻は僕も好きです。肌的にもフィットする。

――下北沢は確かに、若者で溢れ返っていますからね。どこもかしこも古着屋ですし（笑）。

**田口** よそ行きの街になりましたよね。年齢層が若いし。僕が住んでいた時は、知り合いで住んでいる人も多くてね。だけど今は外から若い人たちが遊びに来る街になっちゃったんで。

――西荻はこじんまりしているんだけど、美味しいご飯屋さんも多いし、古本屋も割とありますし。

**田口** 味わい深い個人商店がきちっと生き残っている街はいいですよね。全部が便利なチェーン店になっちゃうというのは寂しいです。

——ところで『大阪編』、撮影してみていかがでしたか？

**田口** 本当に、行ったところが全部、巨大で。とにかく大きいんです。大阪人のパワーと、オープンなマインドみたいなものが反映されている建物が多かった印象が強いです。足し算の建築なんだけど、不思議と調和が取れている。さすが名建築と呼ばれる建築だなというものばかりでした。

——『真夜中ドラマ編』で千明はよく犬に吠えられて狼狽していましたが、『大阪編』では大阪人のパワーに圧倒され、怯えながら道頓堀辺りを歩いていそうなイメージがつい膨らんでしまいます（笑）。

**田口** （笑）そうですね。ですから、喫茶みさという昔ながらの喫茶店だけが行き場になっていて。第2話から登場するんですけれども、そこは宝塚歌劇団ＯＧの安奈 淳さんがママさん役で、そこに行っては、最近の状況を報告したり、愚痴をこぼしたりしているんです。憩いの場をちゃんと作ってあるんです。

——なるほど。喫茶ダンテのマスターの代わりですね。三上 寛さんが演じられるマスターが最高で、千明とのやりとりが好きでした。あの店では、つい他人に用心してしまう千明が——そういうキャラクターをやらせたら田口さんに敵う人はないくらい自然だと思っていますが（笑）——警戒心を解いていた気がします。

**田口** （笑）そうなんですよ。寛さんにはもう敵わないというか、見透かされている気がしてしまう、そんな存在で。実際、僕は寛さんの大ファンで、それで今回、「誰かマスターに良い人はいませんか？」と訊かれた時、真っ先に寛さんの名前を出して、そうしたら寛さんになったので、すげぇ嬉しくて。大リスペクト、自分の人生に大きな影響を与えてくれたシンガーですから。とにかく楽しい、夢のような時間をダンテでは過ごさせてもらいました。本当にオルタナ

ティヴな生き方をされている表現者だと思います。何回か共演し、自分の映画に俳優で出ていただいたりしたんですけれども、今回初めて寛さんのCDにサインしてもらった。今までは、会ってもそんなこと、仕事先でしたら失礼だろうという気持ちがあったんですが、この現場では自然に言えて。

――それは嬉しいですよね。三上さんのような尊敬する先輩に対しては、「自分もこうなりたいなぁ」と見上げる感じですか？　それとも「負けていられない！」と鼓舞されますか？

**田口** 見上げています。「あぁ、こんな素敵な珍獣がいる」っていう……本当にオンリー・ワンな生き方をしている方だから。「他の人と同じような生き方をしなくていいんだ」と希望が湧いてきますよね。自分のオリジナルを探していいんだ、と。でもやっぱり憧れです。ミュージシャンだったら、ジョン・ライドンとか好きなんですけど、もう孤高じゃないですか。屹立しているというか。世の中の意見など関係なくてオリジナリティを生み出そうとしている、作ろうとチャレンジしている、そんな人に惹かれます。

――誰しもがそうではないと思いますが、若い頃は大きな力に対して反抗心があっても、歳を重ねていくとそれが薄れていったり、周りと穏やかに接することができるようになったり……田口さんはどうですか？

**田口** マイルドにはなっていると思いますが、基本が変わらないので……そこ、悩んでいますね。こんなにマイルドで保守的な時代になっている中で自分は、昔からあるアンチな気持ちの炎がチロチロ燃えているのが厄介だなぁって思ったりします。もう寛さんを知る人も少なくなったじゃないですか。ずっと少数派なのは悩みですね。

――三上さんはたった1人で表現をされる。だけど役者はまずオファーがあって成り立つところもあると思います。仕事を受ける、スタッフや共演者とのやりとりがある、テレビなら視聴者もいる。そうするとある程度の社会性が結果として必要にならざるを得ないというか、社会性を持たざるを得なくなりますよね。

**田口** そうですね。

──逆に言えば大人になれる良い機会なんだけど、せめぎ合いは出てきますよね。

**田口** そうです、おっしゃる通りです。それはずっと自分のテーマですね。生きるテーマの中に生き辛さというものが常にあるんですよね。

──「俺、大人になったなぁ」と思うことってありましたか?

**田口** 大人になりきれてないですよね。

──でも、なってきた。

**田口** 年取ったなとは思いますけど。ただ、自分が若い時に影響を受けた好きなものが全然変わってないんです。寛さんであったりジョン・ライドンであったりキャプテン・ビーフハートであったり。困ったもんだなと思って。新しいものにチャレンジしたり新しい音楽を聴いたりもするんですけど、当時インパクトを受けたもの、漫画だったら宮谷一彦とか安部慎一が一番いいなって、いつも改めて思うので、更新されないんですよ。価値観を変えるような新しい表現になかなか出会えない。新しい血を欲する気持ちはあるんですけど。

──今なら配信で海外の映画やドラマもたくさん観られますが、新作はあまり響かないですか?

**田口** 海外ドラマも観ましたけど、またそれもマニアックなんですよ。ビリー・ボブ・ソーントンが酔いどれ弁護士役をやっている『弁護士ビリー・マクブライド』は観ました、あれは好きです。ビリー・ボブ・ソーントンの佇まいがもう何とも言えない。あの人も黄昏れちゃっていますよね。

──確かに、黄昏れちゃっていますね(笑)。

**田口** ちょっと狂っていますしね。確か30歳の後半くらいまで売れなかったですし。

——アンジェリーナ・ジョリーと結婚したりとか、色々とありましたよね。

**田口** そうそう、それでタトゥーを入れちゃったり。アルバムまで作ったのに（笑）。そういう珍獣系キャラクターだからやっぱり追っかけちゃったりするんです。

——やらかしちゃった度合いにもよりますけど、そういう人って何か愛おしいところがありますよね。

**田口** そうなんですよ。でもそういう風に見てくれる人が今は少ないなって思うんです。すごくルッキズムな、保守的な時代になっちゃったので。ネット界はまた違うでしょうけど、表立ったところではやっぱり……まぁ……『トップガン マーヴェリック』なわけじゃないですか（笑）。

——（笑）観に行かれたんですか？

**田口** 行きました、もちろん。大マジョリティーとマイノリティーはチェックするようにしているんです。いや、もうめちゃめちゃ楽しく観ました。ご都合主義の宝庫ですよ。すげぇなと思って。「トムは生涯引退しないんだろうな」って、そういうところもグッときます。振り切り過ぎている人って魅力的ですよね。ちょっとキのラインに乗っかってしまっている……僕の中ではトム・クルーズとビリー・ボブ・ソーントンは繋がっているんです。一番マジョリティーな人とマイノリティーな人がキ印ラインを越えている感じが同じだなって。

——道のりが違っても行き着くところまで行ってしまった人って同じところにいる気はしますよね。

**田口** だと思うんですけど。世の中の評価が違うだけで。

『名建築で昼食を　大阪編』
監督／吉見拓真
企画協力／『歩いて、食べる 東京のおいしい名建築さんぽ』甲斐みのり〈エクスナレッジ〉
出演／池田エライザ、田口トモロヲ、他
毎週水曜深夜0時から〈テレビ大阪〉、毎週水曜深夜2時35分から〈テレビ東京〉にて放送中

# 横山剣（クレイジーケンバンド）

対話 山崎二郎

結成25周年を迎えたクレイジーケンバンド（CKB）が、昨年リリースされたカヴァー・アルバム『好きなんだよ』を挟んで2年ぶりのニュー・アルバム『樹影』がリリースされた。先行配信シングルとなった高速ボッサの「夕だち」が思い切りツボだったため、新作への期待は高まるばかりだったが、全18曲を聴いて、バンドが明らかにネクスト・レヴェルに達していることに驚いた。これだけ長いキャリアなら、安定した定番をおこなうことが多いだけにだ。サウンド・メイキングが今感を強烈に感じさせながら、バンド印が刻印されるというカタチになっているると感じたのだ。プリ・プロダクションをおこなうスタジオで横山剣に逢った。

『グランツーリズモ』もそうだったんですけど、1回解散して再結成したくらいの新鮮な気分で今回の新譜制作もやり終えた感じですね

――今回の新譜『樹影』、超傑作ですね。僕的には、2002年の『グランツーリズモ』以来というか、一気にヴァージョン・アップした感があって。収録曲は、この2年間で書き上げてレコーディングした感じですか?

**横山** ほとんどの曲は今年になってから作りましたね。確かに、クルマで言うと足まわりを強化した感覚はあります(笑)。ネクスト・レヴェルに行きたいなと思って、これまでのセオリーは無視して、初めてバンド・メンバー以外で世代の違うpark(gurasanpark)くんとタッグを組んで共同でアレンジをやってもらいました。彼に僕の頭の中をハッキングしてもらって欲しいコードの響きを探ってもらって、「当たり!」とか「惜しい!」とかやりとりしつつ、脳内音楽により近づけたかなと。そんなこんなで、彼が作ったトラックに後からメロディを乗っけるスタイルで、「Almond」、「強羅」、「ヨルノウロコ」、「Honmoku Funk」の4曲が生まれました。

――あと感じたのは、アルバム全体のトーンに統一感があって、1本筋が通っているような印象がありますね。

**横山** そこはすごくこだわったところで、選曲もかなり絞り込みました。ミックスでいい感じに仕上げてもマスタリングでスポイルされるリスクを避けるために、ミックスとマスタリングを高宮永徹さんにお願いしました。

――それゆえに、アルバム全体のトーンが統一できたと。

**横山** そうですね。CKBは外部の方が制作に入った方が(バンドの)コアが音に出るんですよね。定期的にそういう刺激が欲しくなるんですけど、バンドの25周年とも重なって、今年はまさにそういうタイミングでしたね。

――デビューして25周年ともなると、馴染みのスタッフでそのまま行こうとなりがちですけど……。

**横山** そこは「ネクスト・レヴェルに行こう」っていう気持ちが勝ったというか。初心に返って、ここからまた、ファースト・アルバムを作るような気分で作った感じですね。

――収録曲についても。1曲目の「Almond」だと、Bメロの〈そんな僕の背中を押すのは〉のコード感が好きでして。

**横山** 明るいだけじゃちょっと深みが出ないので、あそこはメロウな悲しいコードをちょっと入れていて。

――さらにシビれたのは、サビの〈Oh Music! 時差を超えて あなたに届け〉のところですね。

**横山** あそこはスピナーズの某曲のコード進行をいただいてまして（笑）。誉めていただけると嬉しいです。

――2曲目の「ドバイ」は、後奏の最後のところがめくるめく感じがあって、気持ちいいなと思って。

**横山** かつてクールス・ロカビリー・クラブが山下達郎さんをプロデューサーに迎えて作った「センチメンタル・ニューヨーク」という楽曲の後奏が2コードで転調していくスタイルなんですが、あれにインスパイアされまして。あのコード進行の上をサックスが泳いでいくってのをやりたくて形にしました。

――「夕だち」は、Bメロの〈甘いだまされごっこ〉のところがかなりグッと来ます。

**横山** そこのメロディとコードが「夕だち」の一番のこだわりどころで、parkくんと、（♪チャーン、トゥールン、チャーンと唄って）「こんなコードの鳴りにしたい」って、あれこれ試行錯誤した挙句、「見つかった！」っていうコードだったんですよ。誉めていただいて、やっと報われた気分です（笑）。

――4曲目の「強羅」を聴いた瞬間にサウンドが全く新しいと感じて、新鮮な驚きがありました。

**横山** デモのトラックを聴いて震えが来て、「何もいじらず、もうこのままでいい！」と決断しましたね。

――5曲目の「莎拉 - Sarah -」もいいですね。

**横山** これは1980年代の作曲で、80年代に『自宅録音シリーズ』として出した音源を今の気分に合わせてアップデートして。今回、アレンジこそが楽曲のクオリティを決めるんだなってことを痛感しました。

――サビの〈My Sweet Little Sarah, Goodbye Love〉のフレーズ、一度聴いたら忘れられないですね。

**横山** 歌詞で多くを語ってないんですけど、かえって何か伝わる感じを狙いましたね。

――6曲目の「ウェイホユ？」はストリングスの入れ方がすごく引き算で、見事に抑制が効いていますね。

**横山** ストリングスをかなり入れてから引き算的に間引きました。「ドバイ」も同様です。

――7曲目の「Orange Cinnamon Sunset」。バッキングのキーボードのフレーズが心地良くて。解説で書かれていましたが、実際に「Hot Cinnamon Sunset」ってお茶があるんですね。

**横山** かなりシナモンが強いお茶で、飲むと落ち着くんですけど、そのお茶の感じや香りやら、音楽以外のエレメンツに押し出されて、アイデアが形になったというのがこの曲で。

――以前、ユーミンさんと対談していただいた際、香りや匂いからインスピレーションが湧くという話題で盛り上がりましたよね。ユーミンさんは「男性でそこに感じる人っていうのは珍しい」と仰っていて。

**横山** 確かに、女性のシンガー・ソングライターのユーミンさん、古内東子さん、キャロル・キングとか、そういう方の歌詞のアプローチの仕方にすごい影響を受けていますよね。

――10曲目の「ヨルノウロコ」のBメロの〈躓いて転んでやっと〉のあたりもグッと来ます。

**横山** タワー・マンションの夜景をヒロインが頑張って手に入れたのにしんどい想いをしているという設定で、「ただ自分らしくいればいい。叩かれても気にするんじゃない」っていうことが言いたかったんですけど。こんな歌になったのも、夜景が脳裏に浮かぶようなトラックだったんですよね。しかも、なぜか港区の夜景（笑）。

――11曲目の「Honmoku Funk」もすごくCKBマナーのファンクでありつつ、一味違う感じがありました。

**横山**　これはparkくんの作ったトラック先行で作り始めたんですけど、そこからどんどんどんどん逸脱していったんです。アレンジが進む中で彼はウルトラC的なアイデアを出してくれてありがたかったですね。

――毎回、矢沢永吉さんフレイヴァーをアルバムのどこかに入れていると感じていますけど、12曲目の「スカジャン・ブルース」の〈ずぶ濡れたシャツ脱げよ〉っていうフレーズにそれを感じました（笑）。

**横山**（笑）矢沢さんって麻布の感じもあるし、本牧の感じもありますけど、横須賀にフィットする何かがあって。仰る通りで、この曲に矢沢さんの念を注入しました（笑）。

――さらっと聴ける感じの16曲目の「ワイキキの夜」ですけれども、これもちょっと聴き流せない魅力がありました。〈時々思い出しては〉のフレーズに、ソングライティングの妙を感じましたね。

**横山**　何の前触れもなく、急にレコーディング中に浮かんだ曲ですね。ジングルぐらいのサイズで尺は短いけども、このサイズじゃなきゃ駄目な曲なので、こういう形になりました。

――今の日本のシーンで、これだけ長くやっているバンドで、これだけグルーヴある音楽をやっているバンドってなかなかないと思うんですよね。しかも、常にアップデートしていて、作品は今の音になっているっていうね。だいたいのヴェテラン・バンドは築いてきたスタイルを踏襲していくことが常套の中で。

**横山**　マンネリを避けたいがために、カヴァー・アルバムでちょっと流れを変えてから新譜作りを始めるっていう結論に至って。振り返ると、3枚目のアルバム『ショック療法（2000年）』まで来て、『肉体関係（2001年）』を挟んで、4枚目の『グランツーリズモ』から再スタートしたんですよね。『グランツーリズモ』もそうだったんですけど、1回解散して再結成したくらいの新鮮な気分で今回の新譜制作もやり終えた感じです。

『樹影』
発売中
〈ユニバーサル シグマ〉

# 田島貴男（Original Love）

対話　山崎二郎

昨年、デビュー30周年を迎え、シングル「Dreams」、新世代のOvallとのコラボレーション新録「接吻」、トリビュート・アルバム『What a Wonderful World with Original Love? / V.A.』、４枚組オールタイム・ベスト・アルバム『Flowers bloom, Birds tweet, Wind blows & Moon shining』を発表したOriginal Loveが、TENDREとの共作曲「優しい手 ~ Gentle Hands」に続いて、約3年ぶりのニュー・アルバム『MUSIC, DANCE & LOVE』をリリースする。デビュー前からずっと追ってきただけに、今を感じる新曲群に、『フジロックフェスティバル』でも披露された素晴らしいライヴといった充実した活動ぶりが嬉しい。アルバム録音中の田島貴男に話を訊いた。

**コロナも含めて色々なことが起こり過ぎて、世の中も人の心も荒みがちですけど、ポップス、ロックンロールを作るんだったら「必ず優しい手の先に未来があるんだ」っていう曲を作りたいなという想いが芽生えて**

――配信で観ましたけど『フジロック』ヤバかったです！　ご本人的に、手応えはどうでしたか？

**田島** 今やれることをやりきったかなと。頑張りました（笑）。ずっと立ちたかったグリーン・ステージでしたから、思い残すことのないよう力いっぱいやろうと。平日なのにとても沢山の人達に来ていただいてすごく嬉しかったし、無事に終わって良かったなと。達成感がありました。

――しかし、今のバンド、最強ですね。

**田島** いいでしょ！　僕1人だけで頑張る必要がないというか、自分がステージ上でうまくいかない時は、バンド・メンバーに委ねられるし、本当に頼もしいメンバーです。彼らがいたからこそ、あのグリーン・ステージもうまくいった気がします。

――30年追ってきていますが、今が一番いいって最高じゃないですか。

**田島** 空回りをしてた諸々がスムーズに回りだした感じがここ数年あって、Original Loveとして、ようやく『フジロック』のグリーン・ステージまで来られて嬉しいです。その翌日、ピラミッド・ガーデンで田島貴男のステージを1人で演ったんですけども、それも手応えのあるいいライヴになって充実した日々でした。

――Original Loveと田島貴男っていう2つの活動スタイルが1人の中で両立できているという、他にはない立ち位置が、今回の『フジロック』の2日間で明確になりましたよね。

**田島**「接吻」のイメージが強すぎて、それはありがたいことでもあるのですが、Original Loveのイメージがあまりにもそこに集中的に捉えられるのは違和感があったんですけど、グリーン・ステージで自分らしいライヴを演ることによって、「接吻」が僕らの一面的なイメージに過ぎないということが少しでも分かっていただけたのではないかという気がしています。田島貴男ソロでやっている『ひとりソウルショウ』は、Original Loveとは違い、カントリー・ブルースやオールド・ジャズなどのルーツ・ミュージックの影響を直接的にステージで表現していて、この活動を10年余り続けてきたことで、そこで培った技術がOriginal Loveにも返ってきて、相互作用が起きてよりいい感じのパフォーマンスができている気がしてます。

――キャリアを積んだ分、ソングライティングの技術が上がっている手応えってありますか?

**田島** どうなんだろう、ソングライティングの技術は上がっているのかな? そもそもいい曲って技術だけで作るもんでもないのでね。ポップ・ミュージックを作る上での技術ってすぐに古くなりますから。一方で自分の音楽の作り方でしか曲は作れないっていうジレンマもあって。(作曲の手法に限りがある中で)そこから何か、いいものを作り続けていくのはキャリアを積んだ今でもやっぱり難しいですね。手癖で曲を作ってもいいんですけど、何か突破感のある良い曲は、手癖で作れる気がしないし。自分で曲を作っていて新しい作り方で曲ができたなと思える曲がアルバムに何曲か入っていたらそれは理想的ですね。

――年下世代のTENDREさんとコラボした「優しい手 ~ Gentle Hands」ってめっちゃ良い曲じゃないですか!

**田島** めちゃくちゃいいでしょ(笑)。河原(太朗/TENDRE)くんが僕と曲を作りたいって言ってくれて。お互い忙しい中でなんとか時間を作って、僕のスタジオに来てもらって数時間で曲の骨格を作ったんです。

――リリック含めて、「今」聴くべき曲だと。

**田島** ここ数年、コロナも含めて色々なことが起こり過ぎて、世の中も人の心も荒みがちですけど、ソウル・ミュージック、ロックンロールを作るんだったら「優しい手の先に必ず未来があるんだ」っていう曲を作りたいなという想いがありました。手応えのある歌詞が書けた気がしています。

――若い世代のミュージシャンと交流してみて、「この感覚は新鮮だな」っていう発見ってありましたか？

**田島** 僕と河原くんとの間にそんなに年齢差がある気がしないんですよ。音楽を作ったりする上では年齢は関係ないと思っていますね。河原くんとの共作は最高に楽しかった！ とにかくあっという間に曲が出来上がっていくので。1人で作るよりも20倍くらい速かったんじゃないかな。僕の作曲の作業が煮詰まると、河原君がその続きを作ってくれて、彼の作業が止まると僕がその続きを作ってというような流れで曲作りは進んで。お互いの音楽のバックグラウンドが近いこともあって、スムースに急ピッチで曲ができ上がっていくので楽しくて。

――で、ニュー・アルバムを鋭意制作中ですね。

**田島** 作詞に苦労してますけど、曲はだいぶ出来上がってきて、かなり良いアルバムになる気がしています。最高傑作かもしれない（笑）。

――「優しい手～Gentle Hands」、「Dreams」は収録されますよね。

**田島** 入ります。アルバム全体のサウンドは、ヴィンテージ・ソウル兼ネオ・ソウル兼ルーツ・ロックみたいな（笑）。今回は僕なりにメッセージをいろいろ込めた現代版のニュー・ソウル的なアルバムになると思います。

――まさしく『MUSIC, DANCE & LOVE』というタイトル通りで、めちゃくちゃハードル上がりますね。30周年のメモリアル・イヤーが明けて3年ぶりの新作となると、リリースのタイミングとしてもいいですよね。

**田島** 僕がデビューした頃の30年前は平和な時代だったなと。ここ最近は本当に（現実世界が）危うくなったという実感があります。もう平和な時代とは言えないのではないか。そういう実感の中から出来上がってくるソウル、ロック音楽はどういう形なのかなと。ニュー・アルバムは全体的にそういった時代の変化、更新された我々の意識を基に作られた、ソウルミュージックのアルバムになると思います。皆さんお楽しみに！

now printing

『MUSIC, DANCE & LOVE』
11月16日発売
〈WONDERFUL WORLD RECORDS / ビクターエンタテインメント〉

# 阿部サダヲ

撮影　森康志　スタイリング　チヨ　ヘア&メイクアップ　中山知美
文　堂前茜

阿部サダヲの出演作を振り返ると、まさに華麗なるキャリア。芝居を見れば言わずもがな、どこからやってくるのか分からない圧巻のエネルギーを放出し、変幻自在に己を変えていく。時にゾッとするほどシリアスな役、時には細やかさが必要となる繊細な役まで見事に完遂する才能の塊のような役者だが、どんな質問をしても、本人は至って普通の構えを崩さないのが何だか面白い。野心はもちろん、何の驕りも、気負いすら感じさせない。インタヴューの受け答えの際に彼が多用する「あまり」、「かもしれない」といった言葉から窺えるのは、作品や役、自身に対して断定することを極力避ける〝決めつけない姿勢で

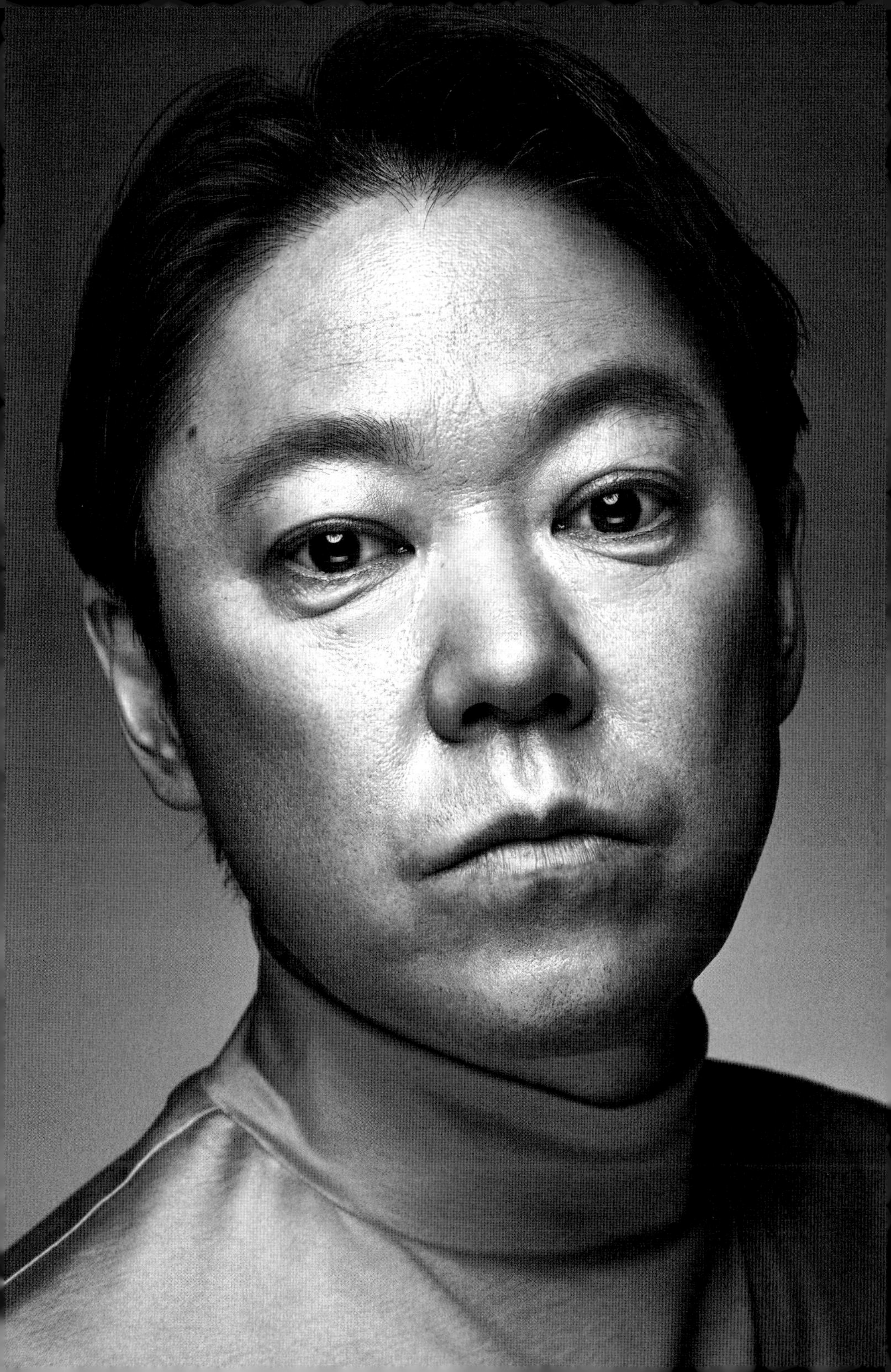

ある。そこには、自分という人間を固めず、どこまでも柔軟に全てを吸収していくのだという阿部サダヲという役者の1つの美学があるような気がした。阿部の伸び代は誰も測れないだろう。

映画『アイ・アム まきもと』は、『おみおくりの作法』（2015年）をベースに新たな主人公像を作り上げた、水田伸生監督の最新作だ。牧本（阿部）は市役所福祉局の「おみおくり係」（身寄りがなく独りで亡くなった人を無縁墓地に埋葬する）だが、誰も頼んでいないのに葬儀を自費で執り行う（参列者を何としてでも探し出す）、納骨はギリギリまでしないなど、自らのルールを決して崩さない頑固な人間。だが、天然の真面目さにはユーモアがあり、真摯に仕事と向き合う姿勢を見ると人はどうも憎めない。そんな彼の〝最後の仕事〟には、とんでもない奇跡が待っていた。

## 僕、どちらかというと〝受け〟という感じですかね

――完成した作品をご覧になって、率直にどんなことを感じられましたか？

**阿部**　すごく温かい、素敵な作品だなと思いましたね。自分としては珍しいというか、こういう感覚になる映画は多分初めてだったんですけど、ラスト・シーンとかも、とてもいいなぁって。

――本作のベースとなった映画『おみおくりの作法』はご覧になっていたんですか？

**阿部**　そこでも、ラスト・シーンがやはりいいなぁと思っていたので、「この作品ではどういう感じになるんですか？」と監督にも聞いていたんですが、監督も同じにしたいとおっしゃっていて。もっとコメディ寄りに振るのかな？と思っていたんですが、そんなこともなく、上手い具合になっていたなと思いました。

――牧本という男性がどうしてここまで他人の葬儀のために奮闘できるのだろう？という部分を始め、気になるところもあったのですが、あえて彼の背景は描かれていませんでした。阿部さんはどう理解しましたか？

**阿部**　僕の台詞は割と少ないので、情景だけで見せている部分も結構あると思うんですけど、例えば自分の家の近所に住む、宇崎竜童さん演じる独居老人の蕪木さんが亡くなったと聞いて、こんなに身近に住んでいたのに何も知らなかったんだ、と。同じような生き方をしていた人を見て何か思うところもあったんじゃないですかね。自分と重ねた部分があった。そこから動き始めている気もしましたし。あと上司から「おみおくりはもう止め」と言われていますから、やっぱり彼の葬儀に関しては最後の仕事として頑張ったんじゃないかと思います。

――紙資料にある監督のコメントで、監督は今回阿部さんに対して、「〝シームレス〟、繋ぎ目のない演技を要求しました」と書いてあったんですが、これは具体的にどういったことを求められたんでしょうか。

**阿部** どうなんですかね(笑)。繋ぎ目のないっていうのはつまり、牧本は基本的に真っすぐな人間なので、変わらないってことだと思うんですけど。生活の仕方が変わらない。着ている服もほぼ一緒だし、ご飯を作っても台所で立ったまま食べる、そんな暮らしをずっとしていて。毎日同じものを食べていても大丈夫な人っていると思うんですが、そういう感じを求められたのかなと。僕は、行き道と帰り道を変えたいくらい、ルーティンが苦手な人間なんですけど(笑)。だからちょっと牧本と違うんですが、彼みたいな人たちは、むしろ違うことを嫌うところがありますよね。全然車が来ない横断歩道でも絶対に左右を確認してからでないと信号を渡らない、とか。だけど塔子さん(満島ひかり)と出会う辺り、蕪木さんの孤独死を見た時から徐々に変わってくっていう。

――牧本をこういう風に演じたいな、といったイメージがありましたか?

**阿部** 今回はあまりキャラクターを作るっていうことじゃないんだな、と思っていました。彼は人と会話しても相手の話を聞かないところもあるので、あまり会話劇でもなかったりするんですよね。むしろ、周りの人が色々と物語を動かしてくれる、牧本というキャラクターを作っている感じがしたので、自分で作り込むことはしなかったです。ただ、やる上で僕が牧本という人を好きになれたのが良かったのかもしれないです。憧れまではいかないけど、「こういう人ってやっぱり好きだな」と思ったので。彼の優しさみたいなものは真似したいなとも思いましたし。あと、彼は人のことを研究するっていうんですかね。亡くなった人がどんな本を読んでいたのか?とか、どんな音楽が好きで、どんなことに興味を持っていたのか?など、色々と調べるじゃないですか。ある意味役作りに似ていますよね。いろんな人の人生を送るのが役者ですが、僕も人にすごく興味があるから。以前から言っていることではあるんですが、僕、その人の家に入りたいなという感覚――例えば電車で前に座っている人がいたとしたら、その人の生活を見てみたいような――があるんですよ。人の家族に入りたい、みたいな。それとちょっと近いというか、だから「なぜ一緒

に暮らしていたのに葬儀に来なかったりするんだろう？」と、残された親族の人に思ってしまったりするんじゃないですかね。

――阿部さんご自身は、葬儀というものをどのように捉えていらっしゃいますか？

**阿部** やっぱりこの映画に携わったことでちょっと考え方は変わったし、葬儀というものが大事だなということも改めて分かりました。僕も歳を重ねたことで、段々と周りで亡くなってしまった人も増えてきましたけど、葬儀がきっかけで久しぶりに会える人もいたりしますからね。亡くなった人が、「この人とも付き合いがあったんだ」という発見もあったりして。実際、友達の葬儀に行った時に、「ここ、繋がっていたんだ」みたいな出会いがあって、そこからまた繋がったりとかして。それは、その人が会わせてくれたんだなって思えたりするので、亡くなった方に対して感謝も湧くんだなとは思いましたね。

――牧本が亡くなった方の弔辞を読む場面があります。生前のエピソードなども紹介されたりしますが、阿部さんならご自分の人生のどんなことをピックアップして欲しいですか？

**阿部** やっぱり芝居を始めたっていうのは良かったねと思いますから、そこですかね。それまでお芝居と無縁のことをやっていて、幼少期なんかは自分がプロ野球選手になれると勘違いしていたところから始まってほしいです。結果的にどうやって終わってくか分からないですけど、面白い弔辞とかもいいかなって思いますし。牧本が蕪木さんの弔辞を書いているシーンがあるんですが、ずっと長回しだったので、ものすごく書いたんですよ。内容もちゃんと覚えて。でもあんまり映ってなかったですね。まぁそういうことなんです（笑）。

――先程もお話がありましたが、塔子と出会ったことで変化を帯びていきます。彼の何が動いたんでしょう？

**阿部** 何でしょうね、塔子さんと自分が近いとまでは思っていなかったかもしれないですが、真っすぐになってしまうところなど、似ているかもと思ったのかな。自分の感情に正直なところとか。あと塔子さんの匂いっていうんですかね。彼女と最初に出会った養豚場に入った時、メンソレータムを鼻の下に塗ろうかなと思ってすぐ止めるんですけど、そこら辺から匂いに関して何かあったのかもしれない。紅茶を入れてもらったその匂いとか、塔子さんの匂いで少しずつ牧本が変わっていく、動き出していく感じはしましたね。塔子さんとの話ではないですが、赤ちゃんの匂いのくだりがあったり、匂いを取るために風呂に浸かる描写もありましたよね。何ですかね、匂い……何かあったんでしょうかね、分からないけど（笑）。でも何か動かされた感じがすごくしましたね。

——牧本を演じられたことで阿部さんの中に残ったもの、変化したことはありましたか？

**阿部** 僕の親、父親が1人で、今82（歳）なんです。1人で住んでいるので、孤独で亡くなってちゃ困るので連絡取るようにしていますが、LINEが既読にならないと、ちょっと心配になりますよね。全然既読にならないんですよ。本当、心配。前は「ビールなくなった」とメールがきて、届けたり送ったりしていたんですけど。あとね、ビールを前までは「ビール」と、棒（ー）で伸ばしてたんですけど、最近なぜか、「ビイル」って書くようになったんです。ちょっと心配だなと。「ビイル、マダ？」と電報みたいになってきた。

——（笑）それにしても、本作もそうですが、少し癖のある役柄が阿部さんは多い気がします。キャリアを重ねていくと、「もっと難しい役、挑戦的な役がやりたい」などやりがいを求めてしまうことなどありますか？

**阿部** いや、あんまりないんですよね。あと、僕のところに台本が来る時には、ありがたいことにもうそれはなくなった状態になっているので、台本を読んでから決める、ということも少なくて。

——台本をもらった段階で、「やるぞ」という気持ちで読まれていると。

**阿部** そうですね。

――この映画も、満島ひかりさんや宮沢りえさんなど、主役級の方々が続々と登場しますが、大河ドラマなどでもそうでしたけど、主役級が揃う中で阿部さんが主演の作品って結構多くないですか？

**阿部** そうですよね、でも本当に嬉しかったです。豪華な方ばかりで。そういう方たちの芝居を近くで観られるのがすごく楽しいんですよね。僕、りえさんとは久しぶりでしたけど、初めての方が多くて。國村（隼）さんともちゃんとご一緒したことがなかったし、松下（洸平）さんも、満島さん、坪倉（由幸）さんもだし。松尾（スズキ）さんとは結構ありますけど、役者として対峙することはなかったから。そうやって、ロードムーヴィー的と言うのか、いろんな人を訪ねてく系の作品は、映画としても好きなんですよね。共演する人を1人ひとり訪ねていく、それでいろんなお芝居が観られたのは面白かったですね。

――こちらの勝手な想像では、共演者にとって阿部さんはすごく刺激的な存在なのではと思うんですが、今のお話を聞いていると、阿部さんの方が共演する方に刺激を受けていると。

**阿部** そうですね。僕、どちらかというと〝受け〟という感じですかね。だから、「こうやってやればこう返ってくるかな」みたいなこともあまり考えない方かもしれません。「こうしてやりたい」ということを自分から言わないタイプの役者なのかな。前に唐沢（寿明）さんとご一緒した時に、「もっと来ていいよ」みたいなことを言われたんですが、「いや、行かないです」って答えていた記憶があって（笑）。どちらかというと〝受け〟たいんです。笑いのウケではなく、芝居を受けるという意味で。相手がどうやってくるのか？と、牧本とはまた違うんですが、空気を読んじゃうような感じなのかもしれないですね。

――もちろんケース・バイ・ケースですが、阿部さんのお芝居に時折ある、圧巻の瞬発力というか爆発力みたいなものの凄まじさは、〝受け〟て起動されるというより自動運転のように見えますが。

**阿部** そうですね。相手の反応を見たいから、こちらから何か仕掛けるところもあるかもしれません。

――「俺って才能あるかも」と思うことってありますか？

**阿部** 楽しいですからね、お芝居していて。こうした方が良かったなと思うことがいっぱいあるから、仕事として、合ってはいるんだと思いますね。「よくできたな」と思う作品はあまりないかもしれないですね。「最高だな」と思ったらもう終わっちゃうかもしれないし、もうこれ以上行かない気がします。多分、過去の最高な作品と今を比べたくないっていう気持ちもあるのかもだけど、「あの時良かったな」というのはあまりないですね。

――作品ではなく、あの時の自分を超えられていないなっていうことも今までないですか？

**阿部** 年齢を重ねていくうちにそういうのはありますけど、逆に、分かってきた部分があるんですよね。撮影のこととか、台本の読み方とか。そういう意味では少しは成長しているけど、まだ全然行きたいな。

――もっと自惚れても良さそうな阿部さんのキャリアなのに、意外です。

**阿部** いえいえ。

――自分を褒めたり、「もっと褒めてもらいたい！」という気持ちになったりしませんか？

**阿部** あんまりないかな。人には褒められたいですけどね。前に映画で共演した岡田健史っていう23歳の俳優に、「まだいける」って言われたんで、僕（笑）。まだまだ頑張んなきゃ。

――岡田さんに阿部さんが励まされると（笑）。

**阿部** あの人面白いですね。

©2022 映画「アイ・アム まきもと」製作委員会

『アイ・アム まきもと』
監督／水田伸生　出演／阿部サダヲ、満島ひかり、宇崎竜童、松下洸平、でんでん、松尾スズキ、坪倉由幸（我が家）、宮沢りえ、國村 隼、他　9月30日より全国公開

# 西島秀俊×大森立嗣

撮影　Ryosuke Maezawa　スタイリング（西島）カワサキタカフミ
ヘア&メイクアップ（西島）亀田雅
文　多田メラニー

映画『グッバイ・クルエル・ワールド』の物語は、社会の常道から外れた者たちが一夜限りの強盗団を結成し、ヤクザの資金洗浄現場から金を奪うところから始まる。ソウル&ファンクな曲を背に繰り広げるセンセーショナルな描写は美しさとカオスが共存し、たまらなくカッコ良い。だが彼らが抱える虚無感を垣間見た瞬間、１人の人間の生というものが心にずしりと乗ってくるのだ。大森立嗣が監督を務め、主演を飾るのは彼と同学年で初タッグを組む西島秀俊。これまで交わることのなかった映画界を牽引する２人は、如何にしてこの命題に挑んだのだろうか。

僕自身とても共感を覚えますし、カメラの前ではそういう風に居たいと思っています。実際、生きていても分からないことばかりですから（西島）

――解禁当初のポスター・ヴィジュアルがポップだったので、素性の知らない人たちが集まり、強盗をして、結束力も生まれたりするような荒唐無稽な世界観なのかなと思っていたのですが、全員がそれぞれの人生に帰っていった後も満たされない、こぼれ落ちるものがたくさんある作品でした。社会の隅っこにいる関心を向けられない人々と社会へのフラストレーションみたいなものが、ヴァイオレンスな描写にも顕れていて。

**大森** 社会からドロップアウトしてしまった人たちに対しての社会的なセーフティネットみたいなことはちゃんとやっていただきたいなと感じますが、なかなか追いついていない。映画の役割はそういう人たちにもちゃんと視点があり、感情を生み出しているんだっていうことを表現できるところなので、世の中で規定されない、狭間にいる人たちを映画で描き出したい想いはかなり強くありますね。分かる感情、分かる人たちというのはあまり描く必要がなくて、分からなくなっていったことに対して、どうやって向かっていくかの方が、本当は大事かな。生きていく上では分からないことの方が多いじゃないですか。そんな時に、俳優さんたちが肉体や自分の感情を用いて表現するということが実は救いになる。それを信じて映画を作っているんですよね。

――西島さんは、ヤクザだった過去を持つ安西として映画の中で生きられて、作品をどうご覧になりましたか？

**西島** 少し前だったら生きていけた人たちが、この映画の中にあるように、行き場もなく生きようがないから生き延びるために犯罪をして勝負を賭けるわけで。その部分は、現代をすごく映し出していると思います。監督が仰るように、もしそういう人たちに、映画のキャラクターが生きた感情を持った人間として、観客の皆さんに観ていただけたら、自分と関係のない世界の人たちではなく同じ感覚を持った人間なんだと感じ取っていただけたら……もちろん、そのためだけに映画を撮っているわけではないですが、みんなが生きていく中で1つプラスになることもあるのかなと。……って、そんな難しい話ではないですし、楽しんでいただければいいんですけどね（笑）。

**大森**（笑）。

**西島** 持ち帰っていただけるものがあれば、幸せだなと思います。

――監督は西島さんにどのような魅力を感じられて、安西役をオファーされたのでしょう？

**大森** 大人なところだよねぇ、やっぱり。（安西が）家族の元に戻ろうとする、僕に欠けている部分があるんですよ（笑）。そこを西島さんが演じ切ってくれた。だからね、西島さん、大人ですよね？

**西島** そんなことないです（笑）。でもそれは本当に嬉しい言葉で。ずっと大人になりたいと思ってきたし、どうやったら大人になれるのかっていうのは、自分の中でずっと考えていたことでしたから。

**大森** ちょっと変な言い方になっちゃったんだけど、俺の中ではいろんなことが繋がっているの。俳優としての能力、背負わなきゃいけないものの両方があって、好きなことだけをやっていればいい時代ではない、我々はそんな年頃になってきているから（笑）。そういう部分を感じ取ってくれる人じゃないかなという意味での大人です！

――なるほど（笑）。お2人は今回初めてご一緒されたんですよね。

**大森** そうです。相当昔に一度、下北沢でお会いしてね？

**西島** はい、何十年も前ですよね。

**大森** 飲んでいるところに顔だけ出してご挨拶をしたことはありましたけど、仕事は初めてです。その当時から、西島さんは映画をすごく愛している同年代の俳優さんで、映画に向かっていっている人だという認識でした。それでありながら今は大作からテレビ・ドラマまで出られていて、映画の存在を格上げしてくれる、外に持っていく力のある人だなと。もちろん俳優としても脂が乗っていらっしゃいますから、出会ってみたい想いはありました。ちょっと嫉妬心みたいなものもあってね（笑）。映画祭なんかでも、すれ違いでなかなか会えませんでしたが、こういう映画に出てるんだ、活躍してるんだなっていうのは気にしていて。これまでの自分の映画だと西島さんに合う役があまりなかったんだけど、今回の安西役はぜひ西島さんにやってほしいと思いました。

**西島** 僕も大森監督の作品はずっと観ていましたし、俳優さんたちの演技が、監督の作品に出ている時とそうでない時で明らかに違うんですよ。それはすごく興味があったし、自分もその演出を受けたい、作品に出たいというのはずっとあったので、今回呼んでいただけて嬉しかったです。やはり実際、現場で演出を受けたら「なるほど、こういうことか」と分かりましたし。俳優がキャラクターを演じているというよりも、本人なのか役なのか分からないけれど、生々しく映画の中に生きているのだなとすごく納得しました。なんと言うか……まだ感情が形作られる前の、（俳優自身も）上手く説明ができない感情の時に本番に入って、それが一番素晴らしい形として完成されているような。演じている本人も、この役は悲しいのか、怒っているのか、絶望しているのか、面白いのか、よく分からない状態を監督は捉えようとしている。そして、それを理解している俳優さん、特に常連の方たちが集まっているのだなと。だから監督も、何か感情を決めて演出をすることがないし、むしろ何かを決めつけて演技をしていたら「それは違う」と徹底的に崩していかれる。僕自身とても共感を覚えますし、カメラの前ではそういう風に居たいと思っています。実際、生きていても分からないことばかりですから。不安を覚える人もいるでしょうけど、大森組に参加している俳優は、むしろそのことに向かっている人が多いのだと思います。

**大森** 例えばト書きに「笑う」と書いてあると、笑わなければいけないと思っちゃうじゃないですか、俳優というのは。

もっと言うと「涙」なんて書いてあれば、泣かなきゃいけないと思うだろうけど、「泣きたくなかったら泣かなくていいですよ」みたいな感じになっちゃうんです。だってその場に立っているのは俳優さんで、向き合っている表情を俺はカメラ横で見ているけれど、（カメラ前の）こっちの角度に入れる人は本人しかいないから。感情、距離感もそうだけど、半歩こちらが踏み出すだけで、ものすごく自分の心に入られたような気持ちに俳優さんはなるかもしれないわけです。その感覚を知っているのは演じている人だけなので、そこをずっと信じているんですよね。とはいえ、撮り切らないといけないから一応プランは考えていくんですけど（笑）、それが壊れてしまってもいいやっていう。カット割もクランクイン前に全部作って自分の中では感情の流れができているけれど、もし俳優さんが違う演技をした時はサイズ感やポジションを変えなければいけないでしょう？　元々カット割があるから微調整できるものの、現場でいきなりやろうとするとスピード感があるから追いつかないんですよね。西島さんはそういう部分もすぐに気付いてくれたかな。引き出しがすごくあるし、今みたいに自覚的に演出論を語れる部分もあって。で、西島さんがそういう風に思ってくれていることが、他の俳優さんにも伝わっていく感じもあるのでとても助けられています。

**西島**　監督は俳優全員にしっかり愛情を注がれていますよね。演出の仕方も、俳優と同じ場所にいて感情の話をするというのかな。客観的に指示するのではなく、「（身振り手振りで）こう……分かるだろ？」っていう感じの演出で、非常にチャーミングです（笑）。（安西の妻を演じた）片岡礼子さんみたいに、魂で演技をする方が「ここは納得がいかない」とかあれば、徹底的に向き合って現場も変えられていきますし。

**大森**　片岡さんとは30分くらい喋りましたかね。演技について話をしている時に、近くにいた西島さんが遠くを見ている感じが結構好きだった（笑）。

**西島** 聞いた方がいいか聞かない方がいいのか、分からなかったから（笑）。
**大森** 綺麗な空をグッと見ている感じがね（笑）。
**西島** 片岡さんとは映画『帰郷』でもご一緒しているんですが、片岡さんの感じることって特別だと思うし、何かをキャッチされていると僕は信じているんです。だから片岡さんがというよりも、この役は安西に対してどう思っていてどれくらい夫婦のヨリを戻したいのか、その解釈はいくらでもできることだから、監督と話し合いたかったのではないかなと思います。片岡さんの、感覚的に鋭敏な部分ですよね。

## 人間の奥にもっと深く入っていくものを、やりたくはなるんですけどね（大森）

―― 大森南朋さん演じる蜂谷刑事と安西のラスト・シーンも素敵で、シチュエーション的にそぐわない表現かもしれないですが、不思議な安堵感に包まれました。
**西島** ありがとうございます。南朋くんとのシーンはもっとやりたかったですね。誰か企画してくれないかな。だんだん年齢が上がっていくとその世代の人は現場で僕だけとなっていく場合が多いんですが、50歳くらいの俳優を集めて何かやってほしいですね。みんな人生に何か抱えていますよ、多分。だから南朋くんとのシーンは、不思議な共感もあり楽しかったです。そういえば僕、お父様（麿 赤兒）とも先日お仕事をさせていただきました。
**大森** コンプリートですね（笑）。
**西島** 大森家をコンプリートしまして（笑）。特別な才能がある方の息子たちは、やはり特別な才能を持つのだなと感じました。映画の空き時間に南朋くんと話した際に、「昔は兄弟喧嘩で殴り合いばかりしていた」と聞いたんですが（笑）、時を経て、監督と俳優としてお2人が現場にいることが本当に素敵だなと思っていました。

**大森**（笑）俺はやっぱり……おそらく同じような時に映画を目指し始めたと思いますが、今こうやって西島さんと一緒に映画を作れている、映画業界にいるんだっていうことがすごく幸せ。これまで会う機会はなかったけれど、お互い50歳を超えてもやり続けている。そう考えたら映画を作ることが益々楽しくなっちゃうんだよね。もっと言えば、いい映画に越したことはないけどさ、つまらなくてもいいんじゃねえかくらいの（笑）。

**西島** それは怒られますよ（笑）。

――（笑）ご職業的に、常に何かしらのストーリーやアイデアに触れる日々を送られているかと思いますが、それでも新たな作品に取り組む際には、意欲や好奇心などが無尽蔵に出てくるものですか？

**大森** どんどん湧いてくるなぁ。身体が反応しちゃうよね。西島さんが言ってくれたみたいに、「こういうキャラクターで演じてほしい」というよりも、その人が持っている言葉にならない狭間にあるものを撮ろうとするのと、同じように映画全体もメッセージとして言葉にならないようなものを描こうとしているから、自然と身体が反応していく傾向にあるんだと思います。

**西島** 作品に入る理由は色々ありますが、今回だったら大森監督、それからプロデューサーの甲斐（真樹）さんとご一緒したい想いは昔からずっとあったので、僕にとっては1つの大きなモチヴェーションでした。いろんな話をして演出を受けて、憧れだった現場のことを知る。それはもう、どうしようもなくモチヴェーションが上がるばかりで。とても興味深い人物を作ってくださるから、「この人が何を感じているのか」などいくらでも掘っていける面白さもありますし。現場にいると「何かすごいことが始まったぞ」という瞬間があるのですが、その時のスタッフ全員が繋がるような独特な空気感もたまらないです。

――次回、西島さんを主演に撮られるとしたら大森監督はどんな作品を手掛けたいですか?

**大森** 群像劇じゃないものをやりたいかな。普段から俺が撮っているような……儲からないんだけどさ(笑)、人間の奥にもっと深く入っていくものを、やりたくはなるんですけどね。

**西島** それは参加したいですね。僕も50代になりましたし、深い人間ドラマだったり、人間の奥底を見つめるような作品というのは興味があります。

――今のご年齢の西島さんだからこそ映し出したいもの、でしょうか?

**大森** 若い頃だとまた違いますよね。50代特有の背負うものがあるのは大きいかな。同時に色気みたいなものも、背負っているからこそ出てくる部分だろうし。それともう1つは、物事を真正面から素直に見つめる力がすごくあるなと、西島さんを見ていると感じるんです。子供っぽくチャーミングになる瞬間と、もちろん大人らしさもあり、両方の姿を持ち合わせていらっしゃるんだけど、チャーミングな西島さんを見ていたら「まだそんなにも素直に物事を見つめられるんだな」と時々ハッとさせられる。とても興味がありますね。

――実現を楽しみにしております!

**西島** そうですね、ぜひ。まずは、この映画(『グッバイ~』)を皆さんに観ていただくところからですね(笑)。

©2022『グッバイ・クルエル・ワールド』製作委員会

『グッバイ・クルエル・ワールド』
監督/大森立嗣
出演/西島秀俊、斎藤 工、宮沢氷魚、玉城ティナ、宮川大輔、大森南朋/三浦友和、他
全国公開中

# 坂本昌行

撮影　森康志　スタイリング　柳田明子　ヘア&メイクアップ　松本未央
文　岡田麻美

これまでの出演舞台は30本以上、特にミュージカルには情熱を傾けてきた。研鑽を積む坂本昌行がミュージカルに邂逅したのは、栗山民也が1992年に演出した『阿国』。坂本にとって初舞台だった。それから30年の時を経て再び挑戦する栗山作品が、この『凍える』となる。1998年にイギリスで初演、トニー賞にノミネートされた衝撃作で、病的な疾患を持つ連続幼児殺人犯、被害者の母親、精神科医の3人を軸に、バラバラな感情と背景の物語が絡みついていく。栗山は台本を読み、「こんなに複雑で面倒な台本は初めて。すぐにこの作品をやろうと決めた」と言い、その主役に坂本が選ばれた。託されるのは、信頼を得たからこそ。「今までの経験を見せてみろと言われて

**いるよう」と話す坂本は、緊張よりも大きな壁に挑む高揚感が勝っているように見えた。この難役を、人間としてどのように立ち上がらせるのか。今の坂本だからこそ生まれる表現を観せてくれるだろう。**

無表情と言っても、本当にゼロじゃないんですよね。よく見ると、どこかしら心が歪んでいてそれが顔に出ている

――衝撃的な内容の作品ですが、脚本を読まれた時の感想からお伺いさせてください。

**坂本** 僕は初めて読むような形式の台本で、最初の1、2ページをめくって、ちょっと口がポカンと開いた状態になりました（笑）。一度読み切ってから、「こういう形で進んでいくんだな」ということを念頭に置いて改めて読んでみて、今まで僕が観たことのない、感じたことがない作品になるんだなと分かりました。僕らがこの台本を体の中に入れて咀嚼して、舞台で提示する。そこでお客様が初めて観ることを考えると、解釈がただ難しいというだけにならないように、どれだけ伝えられるか？が楽しみにもなりました。正直、演じる役と同じような感情を抱いたことがないですし、役作りも悩みますけど……表面だけじゃない内面的な痛み、病み、悲しみ、怒りという感情を、どれだけ表現できるか？というところですね。あとは、人それぞれ心に何かを抱えて生きていると思うので、自分だけで考えてしまわずにチームの皆さんと話し合いながら構築できたらいいなと思っています。

――演じるラルフは連続幼児殺人犯という役所で、どういう男性だと今は捉えていらっしゃいますか。

**坂本** 行動は、決して肯定できるものではないです。でも幼少期に親から虐待を受けた環境から心の痛みや傷を負って、苦しみを乗り越えるために今の歪んだ人格が出来上がってしまったのだと思うので、そこの気持ちを探りたいとは思いました。一言で伝えるのは難しい役ですけど、心の中の闇と苦しみを背負って、彼なりに自分の足で歩くために自分を正当化してきた結果、こういう思想と行動になってしまったのかなと今は思っています。

――最初の手がかりというか、どういうところから役を立ち上げていきましたか？

**坂本** 色んなアプローチの仕方があると思うんですけど、ラルフの心には怒りがあって、怒りというのはもう一歩奥を探ると、悲しみが根底にあるのかなと思うんですね。本作とは全然違う系統の作品ですが、先日たまたま映画『ウエスト・サイド・ストーリー』を観て。主人公が撃たれるシーンは、相手役のなんとも言えない、怒りだけではない悲しさを感じたんですよ。それを観た時に、「あ、もしかしたらラルフもこういう感情なのかな」と思ったんです。単純に怒りだけだったら言葉で発散したり、殴ってお終いのような気がして。その先の残虐な行動に向かって暴走してしまうのは、根底にもっと大きな悲しみがあるからなのかなと僕は感じました。もちろんラルフの行動は肯定できないですけど、この役を理解するために、多面的に彼の心を見つめたいと思います。同じ気持ちにはなれませんが、悲しみなら、自分の中からも立ち上げることができるように思いました。

――犯罪者や殺人者役を演じる時、理解と共感はできないと思いますが、俳優さんによっては、「絶対に自分では経験しないことを演じるのは、やりがいはある」とおっしゃる方もいます。今の心境としては、怖さとか、演じる面白さとか、どんな感情が強いですか？

**坂本** 演じる喜びがある役を与えられることは、役者としての醍醐味でもあると思うんですけど、だからこそ、こういう行動に移したんだって理解ができた時の怖さもあるのかなと思います。心のままに表現すると、多分それは頭で理解して行動に移すということになると思うので、僕が表現したいことではないような気がしています。ラルフは幼少期に経験したことで、心も脳も傷を負って、幼児を殺める時にはいろんな感情がゼロの状態なんじゃないかと思うんです。その瞬間の心は、もしかしたら無なのかもしれない。普通ではない状態で行動を起こしてしまっているんじゃないのかな?という解釈をしています。

──公式サイトに掲載されているスポット・ムービーを拝見しても、キャストの坂本さん、長野里美さん、鈴木 杏さんの3名とも心が見えない無の状態というか、険しい表情をされていましたね。

**坂本** あの撮影をした時は台本を読み込んでいる最中で、正直まだ掴めていない状態ではあったんですけど、無の状態というか、何を考えているか分からない表情をしようと思っていました。無表情と言っても、本当にゼロじゃないんですよね。よく見ると、どこかしら心が歪んでいてそれが顔に出てくる。そのイメージがあって、心の中の悲しみや怒りを、分かりやすくは表に出さないことを意識しました。

## 人間という生き物の豊かさ、逆に愚かさっていうのを見せられる

──ラルフを演じる上で、ヒントとされた『ウエスト・サイド・ストーリー』以外に、例えば犯罪者の心理を学ぶために本を読んだとか、映像をご覧になりましたか?

**坂本** 僕の場合は本や映像で学んでしまうと、逆に計算でしかなくなってしまうような気がしたんです。もちろんそういうアプローチの仕方もあると思うのですが、何が一番悔しくて悲しかったのか?と自分の経験で考えてみて、自分の中の引き出しから感情を探っていく方が良いように思っています。そこに至る悲しみというのは、本人でしか分か

らないと思うので。それと並行して参考となる本を読んでいった方が、この役に対しては近道なのかもしれないと思っています。

――ご自身の感情から役を立ち上げるというところで、例えて挙げていただけるなら、どういったことがラルフの悲しみと近しい経験だったと思われますか。

**坂本** 小学生の頃、親友と言える友達と喧嘩をしたことがあって、そうしたらクラスの友達のほとんどが彼の後ろに付いたんですね。それはなんとも言えない気持ちで。その瞬間も悔しくて悲しかったんですけど、今まで仲の良かった時間は何だったんだろうって、子供ながらに傷付きましたし、悲しみを覚えた経験でしたね。こうやって質問されてすぐに答えられるくらい、僕にとっては心に残っています（笑）。人って喜びより痛みの方が確実に覚えていますからね。ラルフの経験とはまったく違いますけど、トラウマ的な思い出が血となり肉となってしまっていることは分かります。

――ミュージカル『阿国』で初舞台を踏んで以来、30年ぶりに栗山民也さんの演出作品にご出演されます。

**坂本** そうですね、皆さんも驚かれたようですが、僕はそれ以上に感慨深いです（笑）。今回は栗山さんに、今までやってきたことを見せてみろと言われるような気がして。大きな壁があると逆に開き直れるタイプなので、僕という役者をたくさん料理していただけたらと思います。

――30年前は舞台に初出演で、そこからミュージカルを好きになられたとお聞きしていますが、30年前の栗山さんとのクリエーションはどんな経験でしたか。

**坂本** その時はもう、稽古についていくだけで精一杯ですよ。自分の力を120％以上出し切っている状態だったので、栗山さんに演技指導を仰ぐとか質問をするなんてできませんでした（笑）。だけど、栗山さんが「他にも違う方法があるんじゃないか、もっとできるんじゃないか」とリクエストする、演出をつけているのを横で見ていて、先輩の役者

さんたちがもがいているシーンをよく覚えています。30年経って、キャリアを踏んできた演者として僕にも同じような問い掛けが降りかかってくると思うので、ちゃんと役を生きてもがきたいです。栗山さんの期待にも応えられるように表現して、この作品が僕の心のトラウマにならなければいいなと思います（笑）。

――今作を、栗山さんはどのように魅力的に演出されると思っていますか。

**坂本**　作品の表層だけを見ると、非常に残酷で痛ましい出来事があって、誰もが悲しみを感じると思うんですけど、一方で、人間の生々しい感情を浮き彫りにした作品でもあると思います。普通だったらオブラートに包む部分を、逆にさらけ出していくので、観終わった後に人間というものが、また改めて理解できるような舞台になったら良いなとも思います。内容が内容ですから、キャストの皆さんの感想や印象も、人それぞれで興味深いんですよ。各々で自分の役柄を作り上げながら、おのずと相手役の心理状況であったりも考えていくと思うので、台本に書かれていることの一歩奥まで、ディスカッションをして話をしながら進めていきたいです。

――社会問題が連日ニュースで報道されるような現代で、本作を届ける意味を坂本さんはどう捉えていますか。

**坂本**　難しいですよね……でも話題にならなかっただけで、昔からこういった悲しい事件は存在したと思うんです。日本では少なかったかもしれませんけど、海外の連続殺人事件のニュースは以前から目にしていましたし、初演当時にこの作品を書いた時点で、問題はあったんですよね。ただ、そうした事件がより表出されるようになった現代だからこそ、人を正面からだけではなくいろんな方面から掘り下げて、人間という生き物の豊かさ、逆に愚かさを見せられる作品にしたいと思います。

パルコ・プロデュース 2022
『凍える』
演出／栗山民也
出演／坂本昌行、長野里美、鈴木 杏
東京〈PARCO 劇場〉にて 10月2日～24日まで。その後、福島、兵庫、豊橋、松本、新潟、北九州、沖縄にて巡演予定

# オダギリジョー

撮影　宗像恭子　スタイリング　西村哲也　ヘア&メイクアップ　砂原由弥
文　岡田麻美
ジャケット（45,100yen）、シャツ（19,800yen）、パンツ（35,200yen）、ネクタイ（9,900yen）／以上、
LAD MUSICIAN（ラッドミュージシャン原宿　tel.03-3470-6760）※すべて税込

昨年〈ＮＨＫ総合〉で全３回が放送された、オダギリジョーが脚本・演出・編集を手掛けるドラマ『オリバーな犬、（Ｇｏｓｈ!!）このヤロウ』の続編が決定。放送直後から大きな話題を呼び、本作の続きを待ち望む声は、オダギリ本人にも届いていた。映画ファンだけではなく、様々な人々がＳＮＳ等で考察を繰り広げていたのを読むと、この作品に含まれるカルチャー……音楽、笑い、詩、アートなど、いかに多くの糸口が散りばめられていたのか改めて分かる。オダギリにしか生み出せない、唯一無二の名作シリーズが誕生したと言い切りたい。警察のバディもの、というよう

**な枠組みからはみ出し過ぎている可笑しな内容、謎が謎を呼ぶ展開の真相は果たして明らかになるのか……。警察犬・オリバー（オダギリ）のハンドラーである警察犬係・青葉一平（池松壮亮）は、なぜかオリバーが〝着ぐるみのおじさん〟に見えるという秘密があった。彼らが巻き込まれたヤクザと半グレの抗争は、一平たちのお手柄で解決したかに見えたが、新たな事件が発生していたのだった。**

一見余計なものから醸し出される要素がすごく大事なんです

――9月20日から『オリバーな犬、(Gosh!!) このヤロウ』(以下、『オリバー』）の続編が放送されます。シーズン1は、豪華な出演者に、マーティン・スコセッシ監督など敬愛する映画監督のオマージュもあり、最近は少なくなってしまったカルチャーの匂いを感じるドラマで、放送後にいろんな反響があったと思います。オダギリさんご自身はご覧になってどういった心境になりましたか？

**オダギリ** 自分としては作りたいものを作らせてもらって、全力を尽くしたので、視聴者の方に自由に受け取ってもらえば良い、というような心境でした。色々なフックは入れておいたものの、それが好きかどうかは人それぞれですからね。もともと、賛否はあった方が良いと思っていたんです。それが健全なモノづくりのあり方ですから。でも良い反応が多かっ

たので少し驚いたというか、こういう作品を求めている人が実はたくさんいるんだなと思って、それはちょっと意外ではありましたね。決して観やすいドラマじゃないだろうし、分かりやすいものでもないはずですけど、既成概念に縛られない作品を待っていたという意見が多くて。挑戦味溢れるドラマを期待している人もいるのだなと嬉しく感じました。

――本編の編集もオダギリさんが担当されていますが、9月17日に放送される、昨年惜しくも放送には入りきらなかった未公開映像20分以上（※3話分）を含めたシーズン1の「特別版」も手掛けていると聞きました。前回の放送を編集し直すという作業は、どのようなものでしたか？

**オダギリ**　映画とテレビの違いってたくさんあるんですが、一番大きいのは時間の作り方だと思うんです。映画は暗い劇場で集中して観ますが、テレビは生活の中の一部分として楽しむものだと思います。だからテレビ・ドラマは飽きさせないテンポ感が必要で、それは編集にも大きく関わってくる問題だと考えています。まず自分は、撮影した素材をある程度自由に繋ぐんです。テレビ・ドラマと考えず、自分の理想の形を一度作ります。でもそれは尺（放送時間）を大幅に超えているので、尺ピッタリになるまで切り続けます。その作業が結構大変で、どこを捨てるか？みたいなことになるんですけど……。なので、昨年作っていた理想の形を引っ張り出して手を加えていく作業になりました。尺に合わせるためにカットを割っていたシーンをもともとの1カットに戻したり、特別編の方が、より感覚的には映画に近い手法で編集をしています。ただ、これも披露するのはテレビだったりするので、相性がどうなのか？というのは、やっぱり放送してみないと分からないですよね。

――そして、シーズン2の台本も読ませていただき、めちゃくちゃ面白かったです。今年から参加されるキャストの皆さんもいますが、昨年から続投の方々、特に漆原（麻生久美子）、溝口（永瀬正敏）、そしてスーパー・ボランティアのコニシ（佐藤浩市）の勢いが増しているように感じたのですが、それはシーズン1のお芝居を見て、執筆される際にキャラクターが一段と生き生きとしたようなところもあるのでしょうか？

**オダギリ** どうなんでしょうね（笑）。まず明らかに言えるのは、浩市さんが演じるコニシさんはシーズン1で本筋にあまり関わらなかったので、活躍するシーンが少なかったんですよ。ただ今回は物語上、コニシさんが大きく関わってくるので、出番も増えたんですね。それが結果的に、溝口や漆原との渦となっていく。なので、前回の影響というよりは、コニシさんを扱う上で生まれてきたものになっているのかなと思います。浩市さんは三谷幸喜さんの作品とかでもコメディセンスを披露されているし、元々そういうユーモアを持った人でもあるんですよ。一緒にお酒を飲んでも、すごく面白いんです。シリアスな役が多いイメージはあるけど、コメディをうまく演じてくれることは分かっていたので、気を使わずに書かせていただいたところはありますね。漆原はシーズン1の時から笑いどころというか、常識にとらわれない人ではあるので、そこに絡む人たちは誰であろうと迷惑が掛かる（笑）。彼女との絡みが多くなれば、必然的にキャラクターが立ってくる構図でもあると思います。

――昨年ご取材させていただいた際、池松壮亮さんと永瀬正敏さんについてお話をお聞きしましたが、麻生久美子さんは俳優としてどういうすごさがありますか。

**オダギリ** 麻生さんに関しては、『時効警察』からもう20年近くの付き合いですからね。長年一緒にやってきたので、本人の面白さを知っていますし、生意気ながら素材の素晴らしさみたいなものを活かしてあげたいなと思っているところはあります。当て書きと言っていいのか、麻生さんとの会話から生まれた話題や、麻生さんがこれをやったら絶対に面白いということから広げているので、漆原は麻生さんのために作った役と言っていいと思います（笑）。僕自身も俳優なので、芝居を見る目は細かいと思うんですよ。その上、笑いを作っていくのは繊細な作業になるので、セリフの抑揚、トーン、間、テンポなど、めちゃめちゃ細かい指示になるんですが、麻生さんはすべてを完璧に返してくれる。あんな人、他に見たことがないですね。

――今回はより、重要なことを漆原に発言させているような気もしました。どうでもいい話をしているようで、実は物事の本質とか、軸みたいなことを語らせているように思いまして。

**オダギリ** 色々なパターンはあるんですけど……編集をしている中で、さっきお話したように尺を作っていかなきゃいけないので、どうしても捨てざるを得ないシーンは出てくるんですね。でも麻生さんの笑いのシーンを切ってしまうと、それだけで『オリバー』の世界観が崩れてしまうんです。ただ事件が起きて警察犬が活躍して解決するだけになると、言い方は乱暴ですが……単なる警察モノになっちゃいますからね。『オリバー』が独特な世界観を持てているとすれば、やっぱり漆原の会話だったり、一見余計なものから醸し出される要素がすごく大事で。そこを編集で切るのは間違いないんですよね。逆に、ストーリーを補足したり、分かりやすくする部分を切るようにしています。ストーリーは『オリバー』にとってそれほど重要じゃないんですよ（笑）。で、話を戻すと、麻生さんの役っていうのは、『オリバー』の主軸とも言える裏テーマを語らせている時もあるし、本当に無駄なセリフを言わせていることもありますよ（笑）。

――ネタバレになってしまうので具体的には書けないのですけれど、シーズン2の台本を拝見して戦慄が走ったのが、池松さんと麻生さんの、緊張で張り詰めそうな独特な会話のシーンで。物凄いト書きでした。

**オダギリ** 第5話の冒頭のシーンですよね。「え？」という言葉だけで芝居を成立させるとんでもないシーンです（笑）。あれは俳優としての能力が問われるので、麻生さんも池松くんもかなり心配していました（笑）。でもあの2人なら絶対に大丈夫だと思っていたし、結果的にめちゃめちゃ面白いシーンになりました。裏話をすると、実はあれは俳優の訓練法の1つなんです。観ていただくと分かると思いますが、「え？」という言葉だけでもあれだけ多種多様な使い方があるんですよね。ああいったシーンは特に自分が俳優だからこそ書ける、特別なシーンなのかもしれないですね（笑）。

## 観ていて混乱する方もいるかもしれませんね（笑）

――オダギリさんにとって、『オリバー』は新たな挑戦になった部分もあると思います。この作品を撮ったからこそ、また違う挑戦をしたいと感じられていることがあったら、教えていただきたいです。

**オダギリ** 毎回同じことを言っているかも知れませんが、やっぱり何かを作ることって、「挑戦」以外ないと思っているんです。今となっては、『オリバー』は分かりやすい挑戦だったと思いますが、その前に監督した映画『ある船頭の話』は一見分かりにくい、でも映画に携わる人間には突き刺さるとてつもなくデカい挑戦でした。自分がその時に何をやるべきか。それがどれだけ困難でも、挑戦することに意味があるし、観ていただく方に色々と感じていただくことが大切だと思っているので、次に何をやるにしても、意味のある挑戦にしたいと思っています。

――『オリバー』の話ではないですが、先日公開した配信動画『Vocument #1「今、映画監督オダギリジョーが立つ場所。」』を拝見しました。全編がヴァーチャル・プロダクションで撮影された密着映像で、超大型LEDを使うとこういう風に撮ることもできるんだと驚きました。動画の中で「感情は場所で動く」ということをおっしゃっていますが、俳優にとって場所は重要な要素かと思いますし、監督としては予算を考えたりする部分もあると思うので、オダギリさんは新しい技術の撮影を体験されて、どのように感じましたか？

**オダギリ** あの動画には一応台本があるのですべてが僕の言葉ではないのですが（笑）、場所という意味では、これからああいうものが簡単に使えるようになれば、クリエイティビティは上がると思います。でも、準備するものも多く、実は現場には20人ぐらいのエンジニアの方々がパソコンを操作して、ようやく実現する世界なんですよ、今はまだ。撮影行為はシンプルだし短時間でできるので、どっちを取るかですよね。俳優のスケジュールなどで撮影日数がタイトな場合は、ロケ現場を移動する必要がないから効率的だし、良いものができると思います。あと俳優からすると、グリーンバックの前で何も想像ができないままやるよりは、映像が180度以上分かるので、やりやすいのは確かです。もちろん、現実の場所に行って、場の空気感みたいなものまで映るのが1番良いことですけど、リアルには俳優にお願いできない、例えば宇宙空間や海の底とか、あと今はコロナで難しい海外撮影も、これならできるじゃないですか。そういう意味では、いろんな可能性は秘めていますよね。まぁ、作品によるでしょうけど。『オリバー』をあんな大それたセットで撮るのは馬鹿らしいですから、そういうことじゃないのは分かっています（笑）。

——（笑）。それにしても改めて、シーズン2の『オリバー』の台本を読ませていただいて思うのは、最後の最後まで謎を呼ぶ展開ですね。

**オダギリ**　本当に捉え方は人それぞれだと思うし、余計な引っかかりも多分増えていくし、観ている人には混乱する方もいるかもしれませんね（笑）。ただ、『オリバー』という作品を俯瞰で見て考えた時に、あんな終わり方も「らしさ」なのかなとも思うんです。むしろ視聴者の方がどう受け取るのかを、僕はすごく楽しみにしています。観終わった後に、みなさんの見解を教えてほしいです。

© NHK

ドラマ10『オリバーな犬、（Gosh!!）このヤロウ』
脚本・演出／オダギリ ジョー
出演／池松壮亮、オダギリ ジョー、永瀬正敏、麻生久美子、本田 翼、永山瑛太、國村 隼、佐藤浩市、他
※追加出演者は、後日発表予定

『シーズン 2』
第4話9月20日、第5話9月27日、第6話10月4日、火曜夜10時より〈NHK総合〉にて放送（全3回）
『シーズン1 特別編』
9月17日土曜午前0:25より第1話〜第3話を一挙放送
※全エピソードを〈NHKプラス〉でも配信

# ディーン・フジオカ

撮影　映美　スタイリング　ISON KAWADA（IMPANNATORE）　ヘア&メイクアップ　花村枝美（MARVEE）
ジャケット（286,000yen）（税込）／TAE ASHIDA（jun ashida　tel.03-3464-8351）
文　堂前茜

『連続ドラマW　HOTEL -NEXT DOOR-』（原作は石ノ森章太郎の『HOTEL』）でディーン・フジオカが演じるのは、老舗ホテル・プラトンを立て直すため招聘されたホテル経営のプロ、三枝克明。通称〝ホテル座の怪人〟と称される彼は鋭い視点で各部署の業務改善を求めるが、従業員らは反発の声を隠そうとしない。時代の岐路に立たされたホテルマンたちの葛藤と奮闘、三枝に隠された秘密と大きな目的が交錯しながら物語は進んでいく——感情では動かず、冷静沈着に物事を判断していく三枝と、役を深く考察しながら自身へのフィードバックまでも客観的に捉えていたディーンは話を訊

**くほどに重なってくるが、一番の共通点は、強靭な克己心を持っているということだ。恐れを知っていても、孤立することがあっても、己を奮い立たせ、信じる道を選ぶ。そこに必要なのは、「自分の可能性」にすべてを賭けることができるか否かの度胸かもしれない。**

仕事だからとかお金儲けのためだからというモチヴェーションだとモノを作れない

――このドラマのオファーを受けた時、どんなお気持ちになりましたか？

**ディーン** 以前からホテル文化に興味があったんですね。自分が仕事や私生活でホテルを利用することが多かったし、ホテルっていろんな産業の集合体なので面白いなぁと。で、まさに『HOTEL』というタイトルが付いたプロジェクトのお話をいただいたのですごく嬉しかったです。脚本を読ませていただいたら、さらにホテルに対する興味が強くなって、物語のイメージも湧きやすかったですね。ワクワクした気持ちを覚えています。

――三枝を演じるにあたってディーンさんが一番大事にされたことは何ですか？

**ディーン** なぜ彼が「ホテル座の怪人」と異名を付けられるくらい、得体の知れない存在としてこの作品に登場したのか？ホテル・プラトンの再建を行うために総支配人として赴任したんだけど、実は彼の生い立ちにまつわる、過去・現在・

未来に繋がっていくラインがある。プラトンの現場で三枝は、ルーティンな作り方ではない、新しい取り組みをしていこうと、日々いろんな衝突が繰り返されるわけですが、彼には冷静に1つひとつ推し進めていく鉄の意志があります。ちょっと冷酷にも思えるような姿勢でこの職務に向き合っているのはなぜなのか?という部分がやはり大事になってきます。三枝というキャラクターの生い立ちと現在、さらに、未来に向かって一歩踏み出すところのコントラストも意識しながら、エンディングを迎えた時、カタルシスが観ている方に伝わるといいなぁと思っています。

――台本を読ませていただいたのですが、三枝の発言は彼の価値観、生き様が如実に出ているなぁと。

**ディーン** そうですね。三枝の台詞って、格言を引用しているところも多かったりするんですが、時の洗礼を受けても残った先人たちの言葉が、彼の中で普遍的な知恵になっていると思うんです。しかもそれを自分で実践していく、自分に取り込んでいくのはなかなかできることではありませんから、僕もいろんなことを考え直すきっかけになりました。無慈悲に聞こえるような台詞もありますが、なぜそれをしなきゃいけないのか?という部分を正面から受け止めた上で、行動を積み上げていくことでしか変化は生まれないと知っているからなんですよね。そういう姿勢は生きていく上で大事なことで、だけど「大変だから」とか「面倒だから」と人はいろんな理由を付けてやらない。そうすると因果応報で何も変わらないままだし、変化を生み出すことはできないと思います。

――ホテルの実情が知れるのも面白さの1つですが、興味深い点はありましたか?

**ディーン** ハウスキーピング部門において、長年ホテルで仕事をしてきた引退間近の人材が、外国籍のスタッフたちにその知恵をデータベースとして伝えていく。それが外国籍の働き手の方々にとって希望の光になっていくという、ホテルを再建していく上でも直接的に1つの好転作用を生み出す要素があります。このドラマの中で描かれている内容は実際にあるアプローチも出てきますが、ホテルの中だからこういったことが起きるというわけではなく、どんな場所でも似た局面はあるのではと思いました。接着し合っているけど、熱や電気を伝導しない素材同士があったとして、そこに働きかけて熱や電気を連動させられるようにするのが三枝の役目だったのかもしれないなと思うんですね。そういった1つひとつの事例は目から鱗でした。

——ご自身でホテルを利用された時、印象的だった出来事などはありますか？

**ディーン** とある国に仕事で行った時に、「ホテルの部屋でゴミを捨てるな」と言われたんです。なぜかと言うと、全部荒らされて、ネタにされたりすることもあるから気を付けろと。それで、ゴミがあったらこれに入れてくださいって袋を渡されたんです。びっくりしましたね。

——それは怖いですね。今回の撮影は実際のホテルで行われています、そちらはどうでしたか？

**ディーン** こんなに快適な撮影現場だったのは初でした。冬の撮影って普通はとにかく寒いじゃないですか、日本で撮影すると特に。だけどホテル内は水道、電気、空調完備で、外的要因に邪魔されることがなかった分、映像制作、フィルム・メーキングをみんなが余力ある形でできたと思います。かつ、ベースを〈ホテルニューオータニ〉に置かせていただいたので、荷物を置きっぱなしにできて、みんな仕事がしやすかったと思います。通常は、荷物を広げて仕事して、それをまた片付けて移動してなので、1時間、2時間と、睡眠時間も減るじゃないですか。普通は行かないような所で普通はやらないようなことをやるのがフィルム・メーキングだったりもしますが、それにしても、こんなに恵まれた環境があるんだっていう……これに慣れちゃうとヤバいなと思いました。

——（笑）監督からはどんなことを求められたのでしょうか？

**ディーン** インする前にまず1冊の本を受け取りました。「これをホテルマンとしての哲学として参考に読んでいただきたいです」ということで読ませていただいて。現場に入ってからは、物理的なホテルマンとしての在り方っていうんで

すかね、お辞儀の仕方や立ち方、座り方、そういうところを丁寧におさらいしていきました。

——紙資料にあります監督のコメントには「本作で彼に求めたのは、狂気と色気です。白い歯を見せて笑うことを封印」というようなくだりがありました。

**ディーン** そこに自分は、あまり関与していないですね（笑）。監督が演出でどういう風に魅せていくか、編集が終わった段階でそれらをどう提示するのか？は自分の計り知れない部分でもあったので。ですが髪型や服装など、とても細かく作っていただきましたので、監督が求める狂気や色気はその辺から表現されるかもしれません。

——先程ディーンさんが、「変化」という言葉を使われましたが——昔からプラトンで働いている人間には「プラトン・マインド」というものがある、という台詞がありました。要はプラトンにはプラトンのやり方があるので新参者は口を出すな、というところだと思いますが、ホテルという世界に止まらず、どんな業界にも、悪しき慣習が残っている部分はあると思いますし、新しいやり方をそこに持ち込もうとすると衝突が起きることもあると思います。だけど三枝は決して信念を変えない強さがありました。そこをどう解釈されますか？

**ディーン** そこに全身全霊で立ち向かっていく姿は、ロマンチックだなと思いましたね。男のロマンというか、覚悟ってそういうものなのかなとも思ったし。結果が保証されているわけじゃない暗闇の中にも必ず光を見出す、道なき道を行くのは、要は自分で道を作っていくことで、一般社会においてそれは賢い立ち回り方ではないかもしれない。色々と思うことがあっても、「こっちの方が安全だ」と賢い選択をする人とは違う生き方だと思うので、演じ切った感想としては、すごくこれはロマンチックな男の生き様だな、ということでした。最後のシーンを撮った時にもそれを感じましたね。

——ディーンさんはご自分をロマンチストだなと思うことはありますか？

**ディーン** こういう仕事をしている時点でロマンチストなのかなって思いますね。俳優よりもむしろ作る方で特に思います。もっと効率の良い、賢い生き方はあると分かっているのにこれを選んでしまっている。だけど、きっとこれしかできないんだろうという想いもありつつ、やはりパッションを持っているからやりたいと思ってやっているわけで。作るっていうことは何と言うか、生命力がすごく必要、エネルギーが必要なんですね。人前で歌ったり、カメラの前で演じたり、そういうことも非常にロマンチストじゃなきゃできないだろうなと思うし、それ以上に、なぜ生み出すのか？　なぜその創造物を作らなきゃいけないのか？を考え出すと、仕事だからとかお金儲けのためだからというモチヴェーションだとモノを作れないんですよね。結果、それがお金に繋がっているだけで、良いものを出さないと淘汰されていく世界ですから、軌道に乗るまでの、越えていかなきゃいけない挑戦の日々は、ちょっと尋常じゃない部分があります。「なぜ、あえてこの道を選ぶ？」とはよく思うことです。だけど深く考えないようにしていますね。考え出すと落ち込んだりもしそうだから。

## もし決断を迫られているのであれば、「こうなったら嫌だな」とか「怖いからそうならないために」という消去法で選択肢を選ぶことはしないようにしています

――「クレームに感謝、自分のミスに気付けた幸せ」、「苦情にはお客様の本音がある。その本音と向き合った経験こそが彼らを育てる」という台詞に励まされました。ディーンさんが鼓舞された台詞はありますか？

**ディーン**　結構それが多くて……三枝以外のキャラクターの台詞にも知恵が詰まっているんですよね。単純にエンタメの作品としての面白さとはまた違う、何かメッセージ性があるなと思ってやっていました。例えばですが、三枝が、「内臓に病を抱えたまま、体の外見から健康になれと？」と、マメゾン（ホテル内のレストラン）を立て直す時に言ったんですが、

まさにその通りだなと共感する部分があって。やっぱり未来の自分を作るのは自分が何を食べて、何を取り入れて、どういう生活をするか？ですよね。それを飛び越えて、先に外見だけを何かしらの方法でいじったり、代償させたところで、より捻れていくだけだと思うんです。最終的には復元できない、全部壊すしかなくなる形になってしまうこともあるかもしれない。それは人体と一緒だなぁと思いました。

——以前ディーンさんに取材させていただいた時に印象的だったのが、爪がお綺麗だなぁということで（笑）。ツヤツヤとしていて血色が良く。身体に取り入れるものなど、気を付けていらっしゃるのだろうな、と。俳優として表現者として、日頃ディーンさんが意識して大事にしていることがあれば教えてもらっていいですか？

**ディーン** まさにそこはとても大切なことだなと自分は考えているんですけど——結局演技って自分の考えでは、生理現象みたいなものを利用した方が効率が良い、と思うに至って。嬉しそうな顔をしているから嬉しいとかじゃなくて、心臓の鼓動をコントロールする方が、つまりミラーリング効果で観ている人の生理現象としての共鳴を生み出す、反響を生み出せるか？が結構大事なんじゃないかなと思っています。で、それをやるとなると、呼吸でしかコントロールできないんですよね。だから呼吸をコントロールすることが、自分が一番意識していることです。生理的な現象を生み出すのに効率が良いから。それをやることで、表面に見えてくる感情表現の根本的なところに幹を通すことができると思っています。そういう観点で物事を見た方が、自分は本質的だなとも思っています。万人が見て分かる「この人は喜んでまっせ」みたいな演技とか、「この人は怒ってまっせ」、「プンプン！」みたいな、「泣いてまっせ」というようなお芝居よりもずっと、疑似的にでもそういう生理現象、そういう身体状況を生み出す方が大事だなと思っていますね。

——でも呼吸って実はすごく難しいですよね。忙しかったり緊張すると呼吸が浅くなったり。

**ディーン** そうですね。僕の場合は歌を歌っていると、呼吸が綺麗に吸えて、綺麗に吐けるんですよね。完全にそれに尽きるというか、それがあるからやっていられるというか。その訓練を日々しているし、運動していても呼吸の仕方によってできる動きや難易度も変わってきたりしますから。やっぱり呼吸から全ての身体的な動作や生理的な現象をコントロールするのが、自分は理にかなっているなと思ってやっています。

――最後に。「迷った時、拠り所となるのは、お客様の顔だ」という台詞にも感銘を受けたのですが、ディーンさんは迷われた時、どういったところが心の拠り所ですか？

**ディーン** 何だろう？　でも、もし決断を迫られているのであれば、「こうなったら嫌だな」とか「怖いからそうならないために」という消去法で選択肢を選ぶことはしないようにしています。自分が興味を持ったこと、やりたいと思う気持ち、そういうポジティヴなエネルギーに敏感でいるべきだなと思っていて。その方が結果、僕にとって正しい決断になるかどうかの確率が上がる気がします。だから恐怖にとらわれて――もちろん、調べたら賢い選択って色々出てくると思うんですが――この道を選んで、その先をこう積み重ねたらこういう未来になるって、それこそググったらそれなりに当たり障りない、〝らしい〟答えが誰にでも手に入ると思うんです。ゆえに、そういう賢さ、要はリスクヘッジすることを優先させて何かを決めることは、僕はしないようにしています。ただ、じゃあその道を選ぶ、やる、と覚悟を決めた後は、何て言うんだろうな、そこに至るまでに出てくる恐怖やリスクが出てこないように、起こらないようにどうするか？と具体的なアプローチを踏んでいく。そういう順番の方が大事だし、そうすることで最終的に物事は上手くいくんじゃないかなと思っています。

© 石森プロ　©WOWOW
『連続ドラマW　HOTEL -NEXT DOOR-』
監督／御法川 修　原作／『HOTEL』石ノ森章太郎　出演／ディーン・フジオカ、草笛光子、加藤雅也、石橋蓮司、村上弘明、阿部純子、他 〈WOWOW〉にて毎週土曜22時より放送・配信中

# HIRO KIMURA

文　堂前茜

今月のカヴァー・ストーリー、岡田准一×MIYAVIを撮り下ろしたのが、写真家のHIRO KIMURAだ。人間に迸る熱いパッションを撮らせたら彼の右に出る者はいないが、7月末に〈HILLSIDE FORUM〉で開催された写真展『HERO2』——昨年大盛況を博した『1』と合わせ176名の日本人男性によるポートレイトを展示——を見ていると、ストロング・スタイルだけでは決して撮れない、人間の深さ、強さ、静けさを見事に捉えているのが分かる。被写体が持つ力に寄り掛かるのではなく、己が持つ全てをぶつけて挑む、1対1の勝負の凄み。折角なのでその一部をここで紹介したい。

山田洋次

加山雄三

串田和美

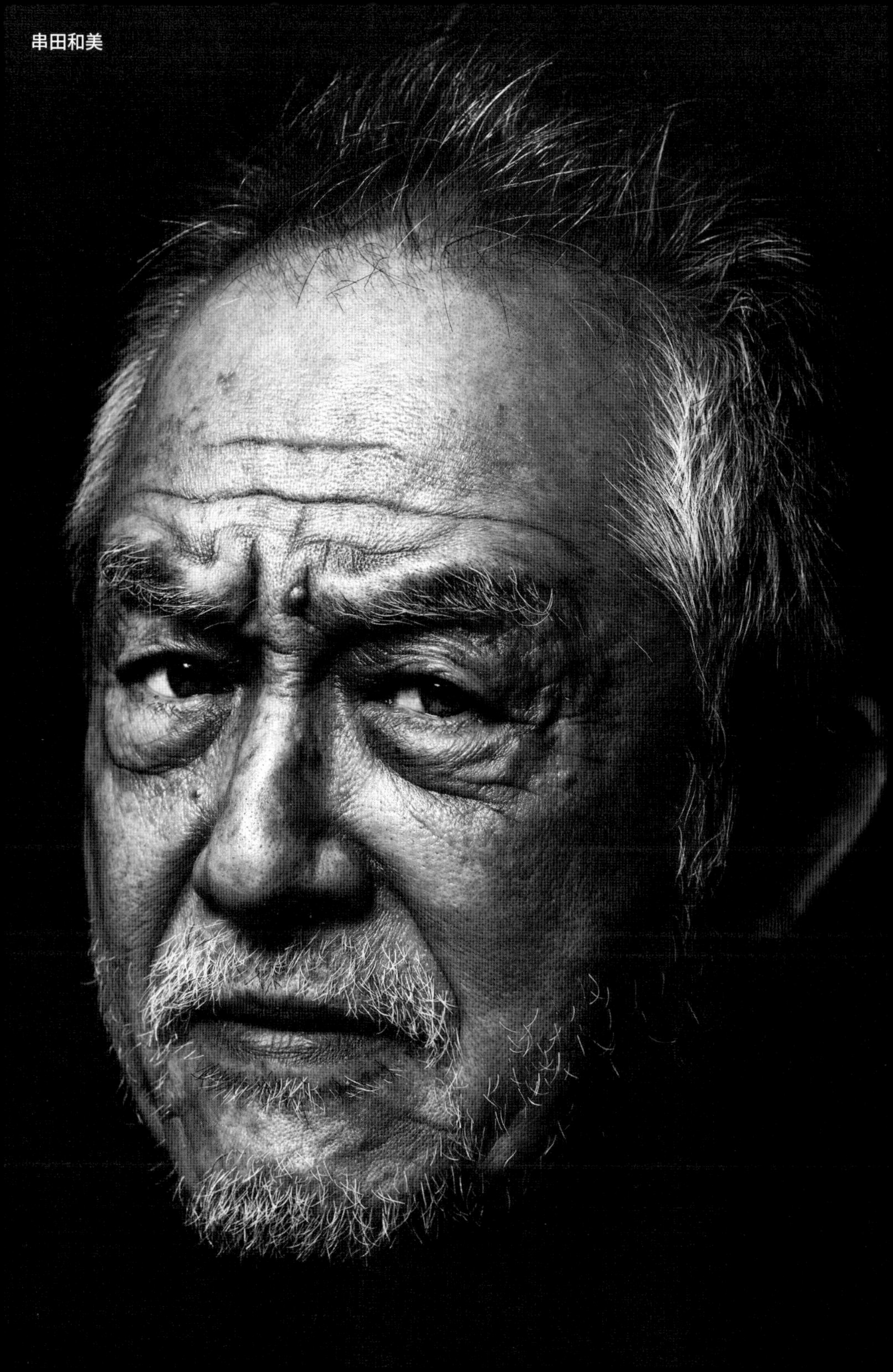

鮎川 誠

鈴木敏夫

矢沢永吉

イッセー尾形

隈 研吾

佐野史郎

國村 隼

秋元 康

佐藤浩市

椎名桔平

# *side walk talk*
# *with Movilist vol.3*

東京 ⇋ 松本

# 串田和美

撮影　Akio Kushida
文　多田メラニー

二拠点、多拠点、移住といった今の状況に即した新しいライフスタイルをおこなっている方を「Movilist（ムーヴィリスト）」と名付け、実践されている方を訪ねるこの企画。第３回目は役者、演出家、舞台美術家の串田和美。２００３年に〈まつもと市民芸術館〉の芸術監督に就任したことを契機に、総監督となった現在も長野県・松本市に住居を構え、東京との二拠点生活を送る。活動の一部には、芸術文化活動が盛んな松本市の風土を活かした演劇祭『ＦＥＳＴＡ松本』なども仕掛け、市外の人々をも巻き込みながら演劇と我々との距離感を近付けてきた。串田は場所×表現者から生まれる力を信じ、演劇の在り方を見つめ続けている。

「なんだこの人たち、どこから来たんだろう?」って、分からないうちに消え去った幻想みたいなものも、どこかに残しておかなければいけない

――（取材時）ちょうど昨日がお誕生日でしたよね。おめでとうございます！

**串田** ありがとうございます。70歳の時は思わなかったけど、80歳になると無視もできない年齢だなと感じますね（笑）。

50歳になった時に「今日から（年齢を）引き算にします」って宣言したんです。そのことをすっかり忘れていたけどそれを貫通していれば、今は20歳になったことになるんだ（笑）。そこを過ぎれば10歳だし、次は0歳、それもいいなって。僕は若い頃から「巨匠にはならない」と生意気にも言っていたんだけど、巨匠と呼ばれる人を見ていると、なんだか寂しそうでね。いつまでも無邪気に馬鹿でいたいなと思っています。

――素敵です！　串田さんの変わらないパワフルさは、そういったマインドからも由来しているんですかね。本日は松本市内からリモートで繋いでいただいていますが、差し支えなければ、お住まいのエリアを伺えますか？

**串田**　中心街と田舎の中間あたりですね。2年程前は街のど真ん中に部屋を借りていたんですけども、そこを出た今は、〈まつもと市民芸術館〉から、少し歩いたところに引っ越しました。畑だらけというほどの場所ではないけど、東京で言ったらかなりの郊外に感じるようなところです。松本に限らず、もちろん日本中どこにでも、お城や温泉があるところとか、山が見えるところはあるんだけど、松本ってなんだか文化的なことがある場所で。街の人たちもそれを楽しもうとしているし、最近多い移住者の皆さんも、そういう部分にも惹かれて来るんじゃないかなという気はします。僕自身は住んで20年になりますが、今はコロナもありますし、（２０２２年度末で〈まつもと市民芸術館〉の総監督を退任する）最後の仕上げ的なこともあって、この3、4年は割と松本にいる時間の方が多くなってきました。本格的に拠点を構える以前は、旅公演で松本を訪れたり、もっと若い頃には山登りをしていたので、松本に下りてから次の目的地へ移動することもありました。なので松本という街には、その頃からなんとなく親しみがありました。東京に比べて、空が綺麗なので1日に1回は見上げているかな。東京の住まいは井の頭公園の近くなんですけど、先日も夕焼けがものすごく綺麗な瞬間があって、西の空だけでなく空全体がブワッと赤く染まっていたんです。けれど、ほとんどの人が見ていないんですよ。実際は東京にもそういう綺麗な景色が広がっているのに、空を見るゆとりだったり、ぼんやり過ごす時間がないような気がしますね。松本だと昔から住んでいるような人も、『フェイスブック』に「今日の空です」とか投稿していたりする。食べ物でも「タラの芽が出たよ」、「新蕎麦の季節だね」とか、旬の食材の話を普通に会話の中で言うんです。日常的に季節の話をしているのはいいなと思いますよね。

――２０２０年6月に松本市内にある〈あがたの森公園〉の四阿（あずまや）にて、1人芝居『月夜のファウスト』を上演されましたが、普段のお散歩でもよく訪れていた場所だったそうですね。演劇を発想させるヒントみたいなものも、東京と比べて得やすい部分はあったりするのでしょうか？

**串田**　そうかもしれないですね。松本は街の規模や社会の作りが小さいから、いろんなものに想いが巡ります。昨年に続き今年も『ＦＥＳＴＡ松本２０２２』（串田が総合ディレクターを務める街ぐるみの演劇祭）をやりますが、松本にいると、劇場の中だけが演劇ではないんだなと実感します。東京だと道端で何かやっていても無関心だったり、「何をしているんだこいつ」って目で見られる場合があるけど、松本の人たちは警戒心が少ないし、むしろ通りすがりの人がどんどん集まって見に来たりするんですよ。なので今回のフェスティバルも、街中や道端、広場などでもやっていこうかなと思っています。それから面白いのが、歩いていると通り掛かりの人が「お芝居観ました！」とか「お誕生日おめでとうございます！」とか、僕と面識がないのに声を掛けてくれるんです。なかなか隙は見せられないなと思っちゃいますよね（笑）。

――（笑）以前、串田さんが演劇に対する想いを綴られた文章で、「私は空気を吸ってご飯を食べるように、演劇そのものをしながら生きるしか、生きかたを知らない。もうそのぐらい長い年月、演劇をし、演劇を通して社会と関わり、未来を見つめてきた。この感覚はどうも若い俳優たちと共有するのは難しいようだということも分かってきた」と仰っており意外に感じました。というのも、舞台芸術に於いて素晴らしい活動を続けていらっしゃいますし、加えて新たなものもビルドアップされているので、若い役者たちもその背中を追うことで自然と共有されているものは多いのではないかな?と思いまして。

**串田**　もし共有できているならばすごく嬉しいことです。僕が劇団『自由劇場』を立ち上げた頃は、当たり前のように自分たちの好きなことをして、それをどのように伝えていこうかと考える毎日でした。その一方では当然、商業演劇の存在もあってね。もちろん対抗する気持ちは全くないし別のものとして捉えていたけど、新劇の翻訳劇などを観ると自分たちの感覚とは違うなって想いはあったかな。例えばシェイクスピア作品なら、その当時、ノーズパテを着けて鼻を高くしたり金髪に染めて西洋人風の装いでお芝居していたんですよ。だけどそれじゃあ、とても西洋人には見えない（笑）。単純な話で説明するなら、自分たちはジーパンを履いていても、自分たちの身体でシェイクスピアができないなら、やる意味がないという考え方。当時は今みたいに簡単に連絡を取る手段がないし、海外の演劇状況も1年以上経たないと国内に伝わって来なかったから、自分たちの芝居をやろうっていうのが普通だった。それによってすごく有名になれるとか、お金持ちになれるなんてカケラも思わないし、「一生これを続けていられたらどんなに幸せだろう」と思っていた時代です。その後、バブルだったり経済のいろんな波があって、劇場を建てるにしても、段々と〝大きな劇場を満員にするための演劇〟が必要になってくるわけです。僕も小さな劇場で芝居を続けながら、地方の大きな劇場をまわる旅公演もやるようになっていましたけど、現在の〈Bunkamuraシアターコクーン〉の立ち上げに携わることになり（串田は初代芸術監督）、「この芝居をしたい」よりも「この劇場を埋めるにはどういう芝居をしたらいいのか?」と、順序が逆になってきてしまいました。〈シアターコクーン〉の芸術監督は準備も含めて11年間勤めましたが、演劇環境の移り変わりは肌で感じていました。20世紀の終わり頃には、「このまま東京にいるのもなんか違うな。地方都市ってどうなの？」とぼんやり、何の根拠もなく考えていました。それで〈シアターコクーン〉の芸術監督を辞めて、30年続いた『自由劇場』も閉じて1人になった時に、地方都市には可能性があるんじゃないかと色々な街を見て回りました。そんな時に、松本市から誘われたんです。演劇の評価基準ってもちろん劇場の大きさではないし、お客さんが30人だろうと、役者としても表現するものに違いはないんですよ。むしろ30人の観客の前で演じる方がドキドキしますよね。それで、途中から寝る人がいたりして（笑）。寝てもいいんですよ。もしかしたら退屈で寝ているわけではなくて、気持ち良くて寝ている人もいるかもしれないし。ただ眠い場合もあるだろうけど（笑）。面白いことをしたり刺激を与えた人をお客さんが覚えて、「またあの人の作るものを観たいな」っていうのと同時に無名性っていうのも演劇には大切なんです。「なんだこの人たち、どこから来たんだろう？」って、分からないうちに消え去った幻想みたいなものも、どこかに残しておかなければいけない。観客1人ひとりが価値を選ぶべきだし、周りが「つまらない」と感じても、「私は面白かった、刺激になった」と言うことを怖がってはいけない。意見が違うことが大切なのに、社会現象としても空気を読まないとか、浮いていると思われたくないなんて風潮が生まれているじゃないですか。でも人間はいろんなタイプが共存することが素晴らしいし、自分に足りないものがあれば誰かがやってくれるかもしれない。違う感動とか違う発見をしたいと考えるのは大切なことです。誰もやったことのない物事に挑戦する時は、大体失敗する確率の方が高いけど、一生懸命に向かっていってコケちゃう人を見るとやっぱり、「いいな、頑張れ！」と応援したくなっちゃいますよね。

――今回7年ぶりに公演する『スカパン』は、1994年の初演から節目毎に上演されている串田さんのライフワーク作品です。手掛けられるお仕事は多岐に渡りますが、原点である役者として、主演舞台に立ち続けられているのは、串田さんご自身が錆びない探究心をお持ちだからですよね。

**串田** できればずっと役者でいたいし、昔の人でも、モリエールだとかシェイクスピアもずっと舞台に立っていたんですよ。次第に、イチ役者には書けない戯曲を求める時代がきて、脚本の意図を具現化できるのが演出家、それに応えるのが役者と役割が作られてきたけど、元々役者とは、身体を使って物語だったり何かを伝えていく存在なんです。そういうものを僕は若い頃に選んで……例えば自分が立てなくなったら、車椅子に乗って演出だけを選択するような人になるかな？と、よく考えるんですよね。歌舞伎の世界の人なんて、歩けなくなったら死体役をやっているんですから。面白いですね、そこまでして続けたいのか？って(笑)。でもそういうものなんですよ。『スカパン』は折に触れ、自分の中でも珍しく古びないというか、ワクワクする芝居ですね。動きもハードなので80歳を迎えた今、1つ挑戦にはなってきますけど、日頃からなるべく歩くようにはしているし、松本は空気も食べ物も美味しいから、健康ではいられている気がします。そろそろ身体に気を付けないと長持ちしなくなってくるでしょうけど、「これをやっていれば大丈夫」だなんて安心はせず、時々失敗しながらも進んでいきたいですね。

『スカパン』
潤色・演出・美術／串田和美
原作／『スカパンの悪巧み』モリエール
出演／串田和美、大森博史、武居 卓、小日向星一、串田十二夜、皆本麻帆、湯川ひな、細川貴司、下地尚子 ／小日向文世
9月30日〈まつもと市民芸術館 小ホール〉のプレビュー公演を皮切りに、茨城、福岡、神奈川にて巡演

# ムーヴィリストという
# ライフスタイル

画　早乙女道春　文　山崎二郎

目的地の観光地を回るだけでなく、飛行機やクルマ、電車、バスなどの移動時間も含めてが旅。むしろ、流れゆく景色を見やりながら、思考を巡らせ、とびっきりのアイデアが浮かぶ移動時間こそ、何より掛け替えのないこと。移動をメインにした旅のスタイルを、Move 移動する人で「Movilist（ムーヴィリスト）」と名付け提唱してきた。が、コロナ禍で移動がままならなくなり、以前から少しずつ増えていた移住、二拠点、多拠点生活が、テレワーク推奨も相まって一挙に増えた。都市でのライフスタイル自体を見直し、地方でマイペースに暮らすことも新しい価値観として確立しつつある。ならば、移住、二拠点、多拠点生活者もムーヴィリストとして位置付けてみたい。そもそも、自分自身が、コロナ禍以前から、漠然と考えていたことであるから。

前号で電気の自給自足について書いたが、東京に生活していて、リスクが叫ばれているのが大型地震だ。雑誌、テレビでも定期的に防災グッズ特集が組まれている。となると、もう１つの拠点で必要条件は地震に強い場所となる。少なくても近年、頻繁に地震が起きている場所は避けたい。海の近くも津波のリスクがある。ましてや、桜島噴火活発化がニュースになったが、富士山噴火のリスクも報じられている。ハザード・マップのチェックは当然として、地盤が強い土地を選ぶことが肝要ではないか。もし、東京で大地震が発生しても、ここに移動すればシェルターとして機能するような。食料も備蓄し、理想はソーラー・バッテリーで電気を確保できれば。濾過して飲料水として飲める機器が販売されているので、きれいな水が流れる川が近くにあればなお良い。漠然とした不安に苛まれるより、準備をおこなっておけば、日々の生活をより充実させられるという効果もあるだろう。何も高価な別荘的な建物である必要はない。借家であればリーズナブルに拠点を取得できる。こう書いてみたら、ドラマ『北の国から』の主人公は時代を先取りしていたと言える。サヴァイヴァルとして。

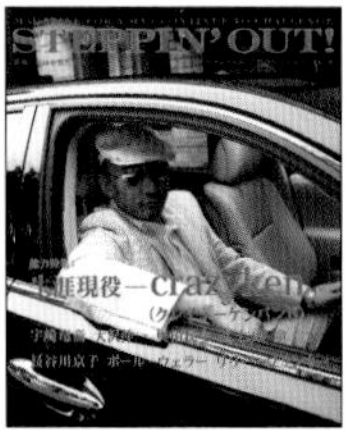


STEPPIN'OUT!
WINTER 2008
VOL.1 1,000円(税抜)
COVER STORY /
横山 剣(クレイジーケンバンド)

宇崎竜童、大沢伸一、奥田民生、辻 仁成、童子-T、長谷川京子、ポール・ウェラー、リリー・フランキー

STEPPIN'OUT!
SPRING 2009
VOL.2 952円(税抜)
COVER STORY /
松任谷由実

吉井和哉、紀里谷和明、工藤公康(横浜ベイスターズ)、辻 仁成、冨田恵一、ムッシュかまやつ、横山 剣(クレイジーケンバンド)

STEPPIN'OUT!
SUMMER 2009
VOL.3 1,238円(税抜)
COVER STORY /
矢沢永吉

ウィル・アイ・アム(ブラック・アイド・ピーズ)、工藤公康(横浜ベイスターズ)、竹中直人、小宮山 悟(千葉ロッテマリーンズ)、紀里谷和明、石井琢朗(広島東洋カープ)

STEPPIN'OUT!
WINTER 2010
VOL.4 1,429円(税抜)
COVER STORY /
鈴木雅之

大瀧詠一、小林和之(EPICレコードジャパン代表取締役)、田代まさし、丹羽昭男(エス・エス・エスシブヤ楽器代表取締役)、槇原敬之、山口隆二(元〈ルイード〉代表取締役)、湯川れい子、浅野忠信、小久保裕紀(福岡ソフトバンクホークス)、辻 仁成、トム・フォード、パッキー井上、本木雅弘、山崎武司(東北楽天イーグルス)

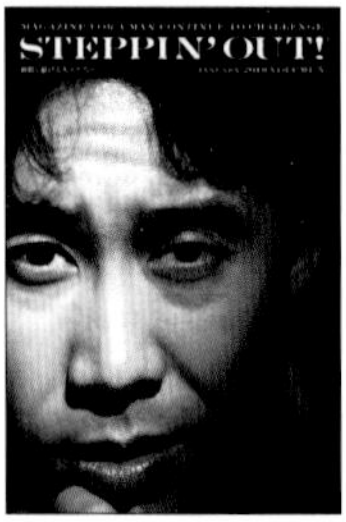


STEPPIN'OUT!
JANUARY 2019
VOL.5 1,200円(税抜)
COVER STORY /
大泉 洋

渡部えり、時任三郎、SHERBETS、小宮山 悟、遠藤憲一、中村紀洋、古田新太、新羅慎二(若旦那)、塚本晋也

STEPPIN'OUT! presents Movilist ムーヴィリストというライフスタイル～福岡・上五島編 BLACK & WHITE MEMORIES OF TURKEY by 永瀬正敏

STEPPIN'OUT!
MARCH 2019
VOL.6 1,200円(税抜)
COVER STORY /
安田 顕

奥田瑛二、三上博史、香川照之、永瀬正敏、藤倉 尚、大森南朋、安藤政信、鈴木尚広

STEPPIN'OUT! presents Movilist
ムーヴィリスト、冬の長崎～熊本を移動し、愉しむ

STEPPIN'OUT!
JUNE 2019
VOL.7 980円(税抜)
COVER STORY /
スガ シカオ

滝藤賢一、谷中 敦(東京スカパラダイスオーケストラ)、原 恵一、亀田誠治、SODA!、上川隆也、長谷川京子

STEPPIN'OUT!
AUGUST 2019
VOL.8 980円(税抜)
COVER STORY /
三上博史

高橋源一郎、近田春夫、宮沢和史、ノーマン・リーダス、武田大作、多村仁志

STEPPIN'OUT! presents Movilist
ムーヴィリスト、尾道、会津、松山を往く、ムーヴィリスト、金沢を往く

STEPPIN'OUT!
OCTOBER 2019
VOL.9 980円(税抜)
COVER STORY /
オダギリ ジョー

橋爪 功、北大路欣也、柄本 明、舘ひろし、横山 剣(クレイジーケンバンド)、中井貴一、唐沢寿明、吹越 満、沢村一樹、渡部篤郎

STEPPIN'OUT! presents Movilist
ムーヴィリスト、北海道を往く featuring 広瀬すず

STEPPIN'OUT!
DECEMBER 2019
VOL.10 980円(税抜)
COVER STORY /
佐野元春

瀬々敬久、松重 豊、松尾スズキ、仲村トオル、坂井真紀、西島秀俊、白石和彌、窪塚洋介

STEPPIN'OUT! presents Movilist
ムーヴィリスト、東山、富良野、稚内、沖永良部島を往く

# BACK NUMBER



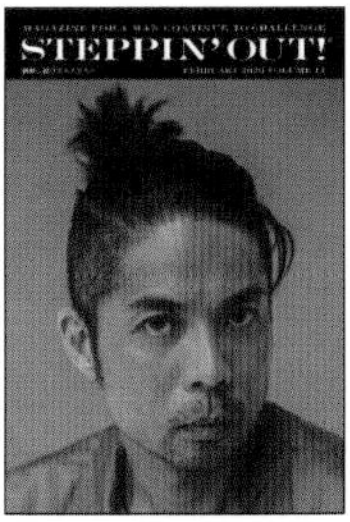


STEPPIN' OUT!
FEBRUARY 2020
VOL.11 980円（税抜）
COVER STORY /
久保田利伸
市村正親、江口洋介、大沢たかお、藤木直人、永野
STEPPIN'OUT! presents Movilist
ムーヴィリスト、沖縄・西表島、竹富島を往く、星野佳路（星野リゾート代表）

STEPPIN' OUT!
APRIL 2020
VOL.12 600円（税抜）
COVER STORY /
東山紀之
寺脇康文、永瀬正敏、織田裕二、吉田栄作、大泉 洋×小池栄子
STEPPIN'OUT! presents Movilist
ムーヴィリスト、冬の青森を往く

STEPPIN' OUT!
JUNE 2020
VOL.13 600円（税抜）
COVER STORY /
岡田准一
ASKA、石橋蓮司、伊東輝悦、田中 泯、玉木 宏、常盤貴子
STEPPIN'OUT! presents Movilist
ムーヴィリスト、初春の松江、出雲を往く

STEPPIN' OUT!
OCTOBER 2020
VOL.14 600円（税抜）
COVER STORY /
妻夫木 聡
岡本健一、緒川たまき、窪塚洋介、小泉今日子、豊原功補、仲間由紀恵、行定 勲
STEPPIN'OUT! presents Movilist
鈴木理策、佐久間由衣、ムーヴィリスト、那須高原を往く

STEPPIN' OUT!
DECEMBER 2020
VOL.15 600円（税抜）
COVER STORY /
堤 真一
黒沢 清×蒼井 優、升 毅、豊原功補、小泉今日子、中村獅童、井浦 新
STEPPIN'OUT! presents Movilist
佐久間由衣、星野佳路（星野リゾート代表）、ムーヴィリスト、金沢を往く

STEPPIN' OUT!
FEBRUARY 2021
VOL.16 600円（税抜）
COVER STORY /
東山紀之
木﨑賢治、横山 剣（クレイジーケンバンド）、鈴木保奈美、トータス松本、吉田 羊
STEPPIN'OUT! presents Movilist
ムーヴィリスト、11月の軽井沢を往く

STEPPIN' OUT!
APRIL 2021
VOL.17 600円（税抜）
COVER STORY /
役所広司
宇崎竜童、草刈正雄、坂本昌行、西川美和、菅野美穂、峯田和伸、広末涼子
STEPPIN'OUT! presents Movilist
ムーヴィリスト、冬の沖縄、小浜島を往く

STEPPIN' OUT!
JUNE 2021
VOL.18 600円（税抜）
COVER STORY /
江口洋介
きたろう、竹中直人×山田孝之×齊藤工、田口トモロヲ×松重 豊×光石 研×遠藤憲一、竹野内 豊
STEPPIN'OUT! presents Movilist
ムーヴィリスト、冬の京都を往く

STEPPIN' OUT!
AUGUST 2021
VOL.19 600円（税抜）
COVER STORY /
柚希礼音
茂木欣一、西田尚美×市川実和子、高岡早紀、秋山竜次（ロバート）、HIRO KIMURA

STEPPIN' OUT!
OCTOBER 2021
VOL.20 600円（税抜）
COVER STORY /
オダギリ ジョー
沢口靖子、仲村トオル、永瀬正敏、武田真治、吉瀬美智子、ムロツヨシ

# BACK NUMBER

STEPPIN'OUT!
DECEMBER 2021
VOL.21 600円（税抜）
COVER STORY /
西島秀俊×内野聖陽
草笛光子、岩城滉一、杉本哲太、津田寛治、渡部篤郎、大倉孝二

STEPPIN'OUT!
FEBRUARY 2022
VOL.22 600円（税抜）
COVER STORY /
米倉涼子
高橋一生、杉本哲太、大沢伸一(Mondo Grosso)、大塚寧々、安田顕、柚希礼音、大谷亮平

STEPPIN'OUT!
APRIL 2022
VOL.23 600円（税抜）
COVER STORY /
三宅 健
市川実日子、鹿賀丈史、スガ シカオ、沖野修也（Kyoto Jazz Massive)、佐々木蔵之介、小澤征悦、新羅慎二（若旦那）、山本耕史、青木崇高

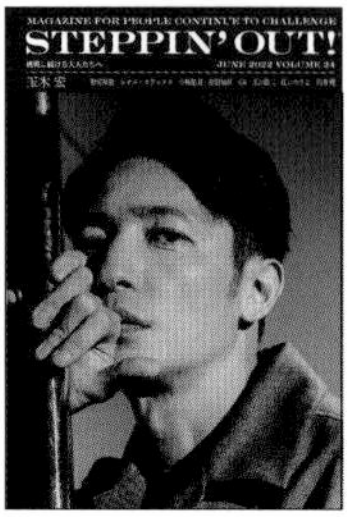


STEPPIN'OUT!
JUNE 2022
VOL.24 600円（税抜）
COVER STORY /
玉木 宏
野宮真貴、レオス・カラックス、小林聡美、原田知世、UA、玉山鉄二、江口のりこ、向井 理
STEPPIN'OUT! presents Movilist
ムーヴィリスト、初春の瀬戸田、盛岡、大阪を往く
side walk talk with Movilist
大阪⇄沖縄　信藤三雄

STEPPIN'OUT!
SUMMER 2022
VOL.25 600円（税抜）
COVER STORY /
佐野元春
吉田 羊、前田美波里、冨田ラボ（冨田恵一）、仲村トオル、東山紀之、坂本慎太郎
STEPPIN'OUT! presents Movilist
side walk talk with Movilist vol.2
東京→富山　須藤 晃

Movilist ACTION 1
980円（税抜）
COVER STORY /
1984年と2014年。『VISITORS』から『MOVILIST』へ。佐野元春と往くニューヨーク
波瑠、大谷健太郎、安藤美冬、木村文乃、江口研一、大沢伸一、若旦那、他 ESSAY / 江 弘毅、谷中 敦（東京スカパラダイスオーケストラ）

Movilist ACTION 2
980円（税抜）
COVER STORY /
『ナポレオンフィッシュと泳ぐ日』から『BLOOD MOON』へ。1989年と2015年。
佐野元春と往くロンドン
江 弘毅、山崎二郎、佐々部 清、市川紗椰、今井美樹、安藤美冬、江口研一、永瀬沙代

Movilist ACTION 3
980円（税抜）
COVER STORY /
A Treasure Found in Iriomote Island, Okinawa 柚希礼音、沖縄・西表島で休暇を過ごす
波瑠、大谷健太郎、笹久保 伸、タクシー・サウダージ、山崎二郎、木村文乃、永瀬正敏、本田直之

『TOSHINOBU KUBOTA in INDIA』
2,857円（税抜）
久保田利伸のデビュー25周年を記念した、自身初の写真集。かねてより彼が訪れたいと願っていた聖地・インドで、フォトグラファー・中村和孝が灼熱の日々を活写している。

# 30TH ANNIVERSARY OF BARFOUT!

## 1992 ～ 2022

2022年、バァフアウト！は創刊30周年を迎えました
あらためて、今を生きる新しい世代の表現者をフィーチュアします！

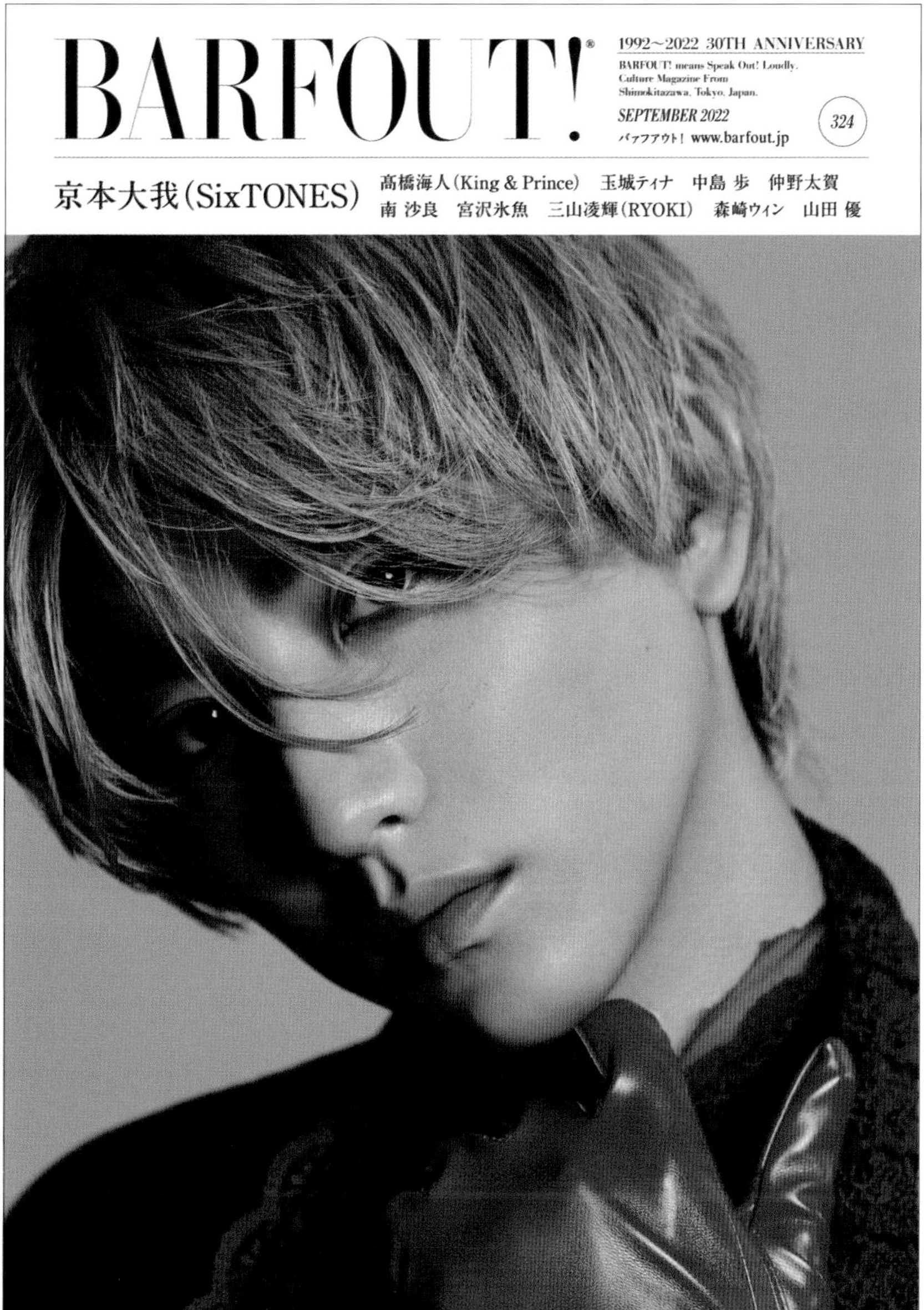

# STEPPIN' OUT!®

ステッピンアウト！ AUTUMN 2022 VOLUME 26




EDITOR 堂前 茜 岡田麻美 松坂 愛 多田メラニー 上野綾子 賀国晟佳

PUBLISHER & EDITOR-IN-CHIEF 山崎二郎

DESIGNER 山本哲郎

PRINTING 株式会社 シナノパブリッシング プレス

STEPPIN' OUT! ステッピンアウト！ AUTUMN 2022 VOLUME 26

2022年9月15日第1刷発行 ISBN 978-4-344-95434-2 C0070 ￥600E

発行：株式会社ブラウンズブックス 〒155-0032 東京都世田谷区代沢 5-32-13-5F

tel.03-6805-2640, fax.03-6805-5681, e-mail mail.brownsbooks@gmail.com

Published by Brown's Books Co., Ltd. 5-32-13-5F Daizawa, Setagaya-ku, TOKYO,JAPAN. Zip 155-0032

発売：株式会社 幻冬舎 〒151-0051 東京都渋谷区千駄ヶ谷 4-9-7 tel.03-5411-6222, fax.03-5411-6233




STEPPIN' OUT!
AUTUMN 2022
プレゼント応募券